インタビュー実践！

亜細亜大学経営学部…編

INTERVIEW

レポート
Report

プレゼン
Presentation

就業力
Generic Skills

初年次セミナー　学習ワークブック

翰林書房

目次

第1章 体験から就業力へ インタビュー・マニュアル

はじめに ——— 5
Step1　インタビュー記事を「知る」——— 14
Step2　インタビューを「準備する」——— 20
Step3　インタビューを「実施する」——— 31
Step4　インタビュー記事を「作成する」——— 38
Step5　インタビュー実践を「振り返る」——— 43
章末資料　依頼状＆お礼状のサンプル ——— 45

第2章 レポート力を鍛える レポート・マニュアル

はじめに ——— 48
Step1　はじめにレポートのプラン（設計図）をはっきり示しましょう ——— 48
Step2　文章のマナーを守りましょう ——— 49
Step3　調べたことと自分の意見とを、はっきり区別しましょう ——— 49
Step4　何を、どう書くか？ ——— 50
おわりに ——— 58

第3章 プレゼン力を養う プレゼン・マニュアル

はじめに・プレゼンの心得 ——— 60
Step1　プレゼンの準備（1）　考えを出し合ってプランを立てる ——— 61
Step2　プレゼンの準備（2）　調査をする ——— 61
Step3　プレゼンの準備（3）　スライドを作成する ——— 62
Step4　プレゼンの準備（4）　原稿の執筆と予行演習をする ——— 69

Step5　プレゼン本番 ———————————— 69

Step6　プレゼンを「聴き」、「質問する」———— 71

おわりに ————————————————— 72

巻末資料Ⅰ　「インタビュー実践！」に必要な情報力 —— 73

巻末資料Ⅱ　インタビュー記事の諸例 ————— 81

あとがき　小川直之、清水淳、林千宏 ————— 94

はじめに

大学で学ぶとは

　なにごとも最初が肝心！　この言葉は大学生活にもぴたりと当てはまります。

　大学とは、言うまでもなく「幅広い教養」と「専門知識」を身につける場です。しかし、その期間は4年間と限られています。「幅広い教養」と「専門知識」を身につけるには、実はあまりに短い時間なのです。そのスタート地点にあたる今、大学での学びとは何かを明確に把握しておくことは、これから走り出そうとする大学生活の良いウォーミングアップになるでしょう。大学での学びとは何でしょうか。皆さんがよく知っている高校での学習と比べて考えてみましょう。

　第一に、高校までにはなかった科目の種類として「ゼミナール」科目があることです。たくさんの講義の中で学んだ知識をもとに、「ゼミナール」では、先生の指導のもと自分でテーマを選び、自分で調べ、考え、まとめ、発表や報告を行います。これらの活動は、自ら主体的に取り組み、試行錯誤することで、単なる知識を使える道具に変えていくことにほかなりません。研究テーマは、ゼミナールの指導教授のサポートはあるものの、基本的には皆さん自身が自分の責任で選択・決定するものです。さて、皆さんはゼミナールを履修しますか、履修するならどのゼミナールを選択しますか、研究テーマは何にしますか。いずれ皆さんは、このような決定を自らの意思で行っていくことになります。

　第二に、大学は履修する科目の範囲が非常に広いのが特徴です。4年間の中で、どの学年で履修してもよい科目がある一方、決められた時期に履修しなければならない科目もたくさんあります。特に、1年次は必修科目が大半を占めます。取りこぼすと2年次以降の履修計画が立てづらくなりますので、気を引き締めて臨む必要があります。

　第三に、単位の修得が高校の場合と比べて、非常に厳しいことが挙げられます。100点満点で60点に満たないと不合格となり、その科目の単位はもらえません。それが必修科目ならば、合格するまで何回でも履修しなければなりません。「単位が取れれば40〜50点でもいいや」という甘い考えは改めねばなりません。

　第四に、1回の授業が90分である点です。受け身的な態度で授業を受けると、90分は非常に長く感じますが、自分から積極的に授業に参加すれば、あっという間にその時間は過ぎてしまいます。また、この90分という長さは、1回の授業内容がかなりの量であることも意味します。したがって、1回休むと、自分で努力して

キャッチアップするのは大変です。

　第五に、特定の教科書を用いずにプリント教材で行う授業が多い点が挙げられます。毎回配布される教材は、自分でファイルに入れてしっかり管理せねばなりません。また、欠席の理由によっては授業回の教材を再配布しない先生もいますので、気をつけてください。

　第六に、多くの授業は教室の席が決まっていません。一般的に、授業に対して受け身で、いつも友人と一緒でないと不安な学生は、教室の後ろの方の席に座りがちです。友人と座れば、ついおしゃべりに夢中になり授業に集中できなくなります。その結果、授業内容が理解できず、悪い成績になるということになります。友人とのおしゃべりは休み時間にとっておき、教室に入ったら、先生の話を100%理解する意気込みで前の方の席に座る。このことこそ自立した大学生になるための第一歩です。

　第七に、大学は皆さんを自立した大人として扱います。大学に入学してきた以上、自分で判断し、人に頼らず、自分の責任で行動することが求められます。大学は高校よりも学生数が多く、しかもすべての授業で出席を取るわけではないので、一見すると教職員の目が個々の学生に届きにくいと思われがちです。その理由からか、授業を平気で欠席したり、課題レポートを提出しなかったりする学生が出てきます。しかし、このように自ら学習機会を放棄してしまうのは、自立した大人の行為とは言えません。消極的な「その他大勢」にまぎれ込もうとするのではなく、自立した大人として積極的な「自分」を先生にアピールしてください。

　以上、高校での学習と大学での学びの主な違いを挙げてみました。これらを見てみると、大学での学びに最も必要なものは、「自立する力」だと言えそうです。大学で学ぶと決めて入学してきた以上、卒業するまでやり遂げること。皆さんはそうした責任を負っていることを忘れないでください。一つのものごとを最後までやり遂げ、それを繰り返すことで人間は成長するのです。

　冒頭に、「なにごとも最初が肝心！」と述べましたが、ものごとにはそれをやるのにふさわしい、まさに時機というものがあります。入学したばかりの今だからこそ、しておくべきことがあり、それが4年間の大学生活だけでなく、将来の就職や就業にも大きく関わっていくのです。

「就業力」を身につける

　人間は仕事をすることで生活費を得、さらには仕事自体に生きがいを見出すことができます。仕事をせずして生きてゆくことはできません。そこで、私たちは何らかの団体や組織に所属します。そして、さまざまな人と関わり、たとえ嫌な仕事でも責任を持って取り組み、しかるべき業務を確実にこなします。こうして、仕事が務まったあかつきに、やっと給料という労働の対価を手に入れるのです。つまり、給料がもらえるということは、仕事が務まっている証といえます。

では、仕事が務まるためにはどういう力が必要か考えてみましょう。それぞれの仕事に関する専門知識が必要なことは言うまでもありませんが、ほとんどすべての仕事に共通し、必要な力があります。たとえば、字の読み書きができることです。「そんなの当たり前だ」と思う人もいるかもしれませんが、「読む」とは文章の内容を的確に理解できることであり、「書く」とは目的に合せて適切な文章を作成できることを意味します。当然、漢字の読み書きができることは大前提になります。ここまで来てもまだ「そんなの当たり前だ」と思う人がいるでしょう。そうなんです。実は、仕事が務まるために必要なのは、専門的な能力やスキルよりも、まずはどんな仕事にも共通した基本的な力であり、「就業力」と称ばれているものなのです。これこそ、皆さんが大学生活の中で身につけ、40年以上仕事をし続けるために最も必要な力なのです。

「5つの力」

1) 聴きとる力

2) 文章を作る力

3) 行動する力

4) 自立する力

5) 生きぬく力

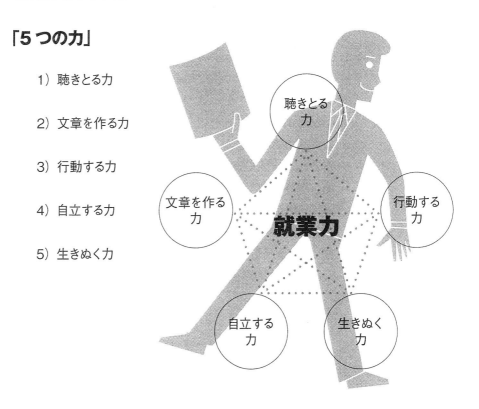

　上に挙げた「5つの力」は、私たち経営学部の教員が数十年以上、学生たちと接し、自らの体験も含め、結局のところ、給料がもらえる仕事を中長期的に続けていくために必要なものと確信している力です。「聴きとる力」、「文章を作る力」、「行動する力」は具体的ですが、「自立する力」と「生きぬく力」は総合的かつ基盤的でもあり、これらの力は相互に密接に関わって、○○君という一人の人間の就業力を表現しています。

　経済産業省は、社会人基礎力と称し、「考え抜く力」、「一歩前に踏み出す力」、「チームで仕事をする力」を挙げています。また、多くの企業が大卒者に期待する

能力のトップに「コミュニケーション能力」を挙げています。私たちの提示した「5つの力」は、これらの力と当然、類似している点があることも事実です。

ここ数年、「〇〇力（りょく）」という表現が流行する中で、私たちが目指したのは、単に高い能力を持ち、光り輝く人材の育成というだけではありません。それよりも、たとえ特別ではなくても社会人や職業人として長きにわたり、しっかりと人生を歩んでいける人材です。上の「5つの力」は、一見すると平凡に見えますが、現代社会においては、この5つが社会環境や教育課程の中で十分に育まれるとは言えない状況になってきているのではないかと思います。以下、それぞれの力について簡単な説明を加えていきます。

「聴きとる力」

コミュニケーション能力というと、「話す」行為が重要視されがちです。しかし、「話す」＝「主張する」のみでは、単なる一方通行にすぎません。むしろ「聴く」、つまり相手の言おうとしていることを「聴きとる」ことが先決で、それが双方向のコミュニケーションの基本となるのです。

「文章を作る力」

「書く」というのは、少なくとも大学に入学できる人なら誰でもできることなのですが、ここでの「書く」は、そのような単純な意味ではなく、自分の言いたいことを、自分の言葉で、わかりやすい構成で表現することを意味します。Webが普及した現代では、自分で文章を作らず、コピー＆ペーストでレポートを仕上げる学生が増えてきました。他人の意見は引用対象としては重要ですが、それよりも自分の主張を自分の言葉で表現できなければ、就職のエントリーシートでなどではすぐにはじかれてしまいます。「書く」ではなく「文章を作る力」とした理由はここにあります。

「行動する力」

最近の若者は、海外に興味を示さなくなったと言われています。自分の足で動き、現場に行き、自分の五感で体感しなければ、説得力をもたないことがたくさんあります。インターネットの空間においてだけ済ましてしまうのでは、美味しいところや栄養になるところをみすみす捨てているようなものです。Webの情報は誰でも見られるものであり、そこから実感を得るのは難しいものです。それに対し、自分の目で見て感じたことは、何ものにも代えがたい、生きていく上での自信となるものです。ITで世の中が便利になったことの反動として、今後、「行動する力」がこれまで以上に求められてくるでしょう。

「自立する力」「生きぬく力」

上の3つの力が合わさって生まれる総合的かつ基盤的な力を「自立する力」「生きぬく力」と名付けました。親からの経済的な自立のみならず、人に頼らず、人に

流されず、自分という人間を確立しようとする気構えが「自立する力」。多少の困難にもめげずに挑戦し、自分で歩んでいける強さが「生きぬく力」です。

　これまであらゆる教育機関、とりわけ大学の初年次教育の中で、本書の述べる「5つの力」と類似した力の育成が試みられてきました。しかし、「5つの力」をばらばらに身につけようとしたために効果が出ない、あるいは、「行動する力」「自立する力」「生きぬく力」といった抽象的な力をどうすれば伸ばせるのかという疑問に対して明確な答えが出せなかった、というのが実状です。その疑問に対する答えとして編まれたのが本書『インタビュー実践！〜人間基礎力としての就業力〜』です。本書で提案する「仕事人へのインタビュー」という一連の活動を通じて、「5つの力」が必ずや涵養されるものと確信しています。
　では、なぜ初年次に「インタビュー」なのでしょうか。また、「インタビュー」と「5つの力」との関係は何なのでしょうか。以下で説明していきます。

初年次になぜ、「インタビュー」なのか　〜「仕事人」へのインタビューの意義〜

「幅広い教養」と「精神的自立」

　最初に、大学における学びに最も必要なのは「自立する力」であると述べました。しかし、ここでいう自立とは、自分でアパートを借りて学費や生活費を稼ぐという経済的な自立のことではありません。もちろん、大学を卒業したら経済的に自立することが必要ですが、大学時代に培わなければならないのは精神的に自立する力です。そして、大学とは、幅広い教養を身につけることで、この精神的自立を養う場でもあります。

　ではなぜ、精神的自立に幅広い教養が必要なのでしょうか。人によっては、専門知識だけ身につけておけばいいのではないかという意見を持つ人もいるかもしれません。しかし、人間は、社会の中でさまざまな人たちと一緒に仕事をしていかなければなりません。もし、自分の専門以外のことはまるでわからないという人たちばかりだとしたら、果たして世の中は円滑に回っていくでしょうか。グローバル化した今日、英語を社内公用語にした日本企業が現れてきました。外国語を話す人と一緒に仕事をせざるを得なくなったのです。英語は教養であり、必須の道具になりつつあるのです。幅広い教養を身につけることにより、仕事の相手とコミュニケーションをとることができ、相手の立場や世界に思いを巡らすことができる。すなわち、相手の立場に立ってものごとを考えることができるわけです。これこそが生きた教養であり、大学はその多様な入口を学ぶ場でもあるのです。幅広い教養を身につけることにより、一つの視点だけでなく、ものごとには多様な見方や考え方があり、その背景についても洞察できるようになるのです。このように、精神的に自立するためには、一つの意見にとらわれずにものごとを考えられる幅広い教養が重要になるのです。

「自立」を知るために「仕事人」に話を聴く

　大学で学ぶこと自体が自立することにつながっていることを述べました。でも、まだ、ピンとこない人も多いかと思います。「自立する力」とは何かを知る最も手短な方法は、自立している人から話を聴くことです。自立している人とは、自分で生計を立てている社会人を指します。皆さんの周りを見れば、自立している人はたくさんいることでしょう。ここでは、こういう人たちを「仕事人（ビジネス・パーソン）」と呼ぶことにします。読み方は「しごとじん」でも「しごとにん」でもよいですが、とにかく実社会で仕事をしている、皆さんにとっては人生の大先輩のことです（ちなみに、「必殺○○○」とは一切関係ありません）。なぜ仕事人がその仕事を選んだのか、どんな困難を乗り越えてきたのか、日々どんなことを心がけているのかなどを直接うかがい聴くことは、皆さんにとって何ものにも代えがたい貴重な体験となるはずです。

「5つの力」と「インタビュー」の関係

　仕事人へのインタビューは、単なるおしゃべりや世間話ではありません。したがって、質問や行動を周到に準備する、アポイントを取る、責任を持って記事を書き上げるなど、さまざまな要素を含みこんだ複合的な活動になります。そこに、「5つの力」との関係性が生まれるわけです。

　　1）聴きとる力：傾聴力
　　　初年次においては、「読む力」よりも「聴く力」のほうが大切！　一方通行ではない対人的なコミュニケーション能力を身につけよう。

[図1]　インタビュー記事の5大要素

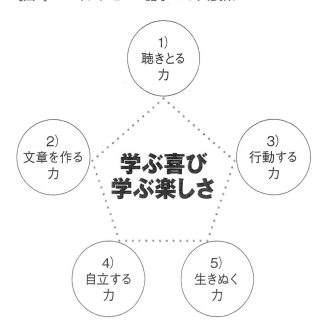

　　2）文章を作る力：文章基礎力
　　　オーラルコミュニケーションで獲得した生きた情報をもとにインタビュー記事を作成。PCの中の情報を切り貼りするのではなく、自分こそが真の発信者になり、文章を作ることの意義や書いて伝える楽しさを実感しよう。

　　3）行動する力：フィールドワーク
　　　「書を捨てよ、街へ出よう」は今も新しい！　内向きにならず、自らの興味に基づいて対応できる行動力を養おう。

4）自立する力：自己発見への道筋と社会的自己の形成

　他者と向き合うことで、アイデンティティの発達がうながされる。自己客観化とは、他者への「配慮」「礼儀」「マナー」「常識」と見つけたり！　仕事人と接し、取材することで、同時に社会人としてのマナー、常識を身につけ、社会的自己の確立を目指そう。

5）生きぬく力：職業観と人生設計

　そもそも「仕事」とは何か。仕事人へのインタビューを行うことにより、「人間が仕事を通じて社会とつながっていること」や「働くことの歓び」、「生きがい」を認識し、自らの職業観・勤労観を培おう。これこそが、「人生設計」「キャリア形成」へとつながるはずだ。

「インタビュー実践！」の流れ

　次頁の図2のチャートは、「インタビュー実践！」の流れを図示したものです。また、一連の活動をPlan―Do―Check―Actionの'PDCAサイクル'に基づいたステップ順に学べるようにも設計されています。Step1～2がPlan（計画）、Step3がDo（実行）、Step4がCheck（評価）、Step5がAction（反省と改善）に対応します。PDCAにしたがってインタビューを実施することにより、「インタビュー実践！」をより有意義な活動にすることができます。

　前置きはこのくらいにして、さっそく、Step1から始めましょう！

[図2]　「仕事人」へのインタビュー実践の流れ

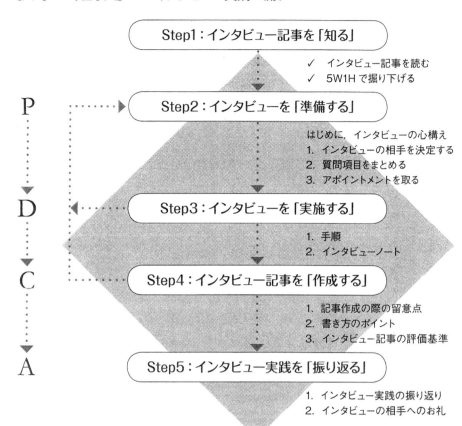

第1章 体験から就業力へ
インタビュー・マニュアル

Step1 インタビュー記事を「知る」

　これからの授業で、皆さんはインタビューの相手を決定し、実際にインタビューを行い、最終的にはインタビュー記事を作成します。インタビューの実際的な活動について説明する前に、皆さんが最終的に仕上げる「インタビュー記事」とは、いったいどのようなものなのかについて説明します。

　まず、以下の二つのインタビュー記事を鑑賞しましょう。私たちがこの「インタビュー実践！」を通して最終的に目指す文章とは、具体的にはどのようなものなのか。そのイメージを感じとってください。もちろん、インタビュー記事にはさまざまな文章スタイルがあります。一問一答式のものもあれば、報告文的なものもあり、さまざまです。しかしながら、このテキストにおけるインタビュー記事の作成は、大学1年生の文章基礎力を養う機会の一つとして捉えています。したがって、だいたい以下のような文章スタイルをその手本と考えます。（以下の二つの例文に加え、巻末資料Ⅱの例文も参考にしてみてください。）

例文1

お金じゃ買えないっすよ[1]

大畑裕香[2]

学籍番号　○○○×××

　「人生色々、紆余曲折。最初と最後は誰にでもあるけれど、それを一直線にまっすぐやって行くか、色んな経験をして寄り道するか。人それぞれだけど、まっすぐじゃつまんないよね。私も色んなことがあったけど、最終的に出会えてよかったと思ってるよ、和太鼓に」。

　長谷川さんこと長谷川多恵子さんは、私の所属する和太鼓チームの指導員である。二十五歳の夏、地元巣鴨で開催されていた盆踊りの和太鼓に魅了され、その太鼓団体を仕切っていた石河代表に直接詳細を聴きに行き練習に参加させてもらったのが、和太鼓人生の始まりだそうだ。長谷川さんは時が経つにつれ、仕事のあとの週一回の練習では物足りなくなっていった。もっと色々な曲がやりたい。もっと色々な太鼓が叩きたい。そこで四年前、石河代表と長谷川さんを含む四人で今私が所属している和太鼓チームを結成し、仕事の後に和太鼓を叩く機会が一週間の半分以上を占めるようになったのである。

　「人が集まっている所で叩くんじゃなくて、人を集めるように叩く」。[3]これは代表が昔から長谷川さんたちに言い続けていることであるという。良い演奏をするためには、

[註]
(1)記事にはタイトルをつけてください。タイトルは、この例文1のように、インタビューの相手から得た魅力的な言葉（せりふ）を使ってもいいですし、次頁の作品のようにインタビュー記事の内容を反映したタイトルを付けてもいいです。大切なことは、できるかぎりテーマ性をもたせることです。したがって、「○○に聞く」や「美容師」といったような安直なタイトルは避けましょう。
(2)大畑裕香さんは、2010年3月に経営学科を卒業。
(3)「インタビュー実践！」におけるインタビュー記事は、一問一答式の書き方ではなく、このように「地の文」に「会話文」を織りまぜる形式で書いてください。

チームワークが大切である。一人ひとりが百パーセントを出し切り、さらにそこに周りと合わせる協調性が加わり、時にはフォローをし合える信頼関係がなければ、達成感は生まれない。長谷川さんは和太鼓に出会うまで、ゴルフ、スキー、語学の勉強など、チームワークとはあまり関係のないことをしてきたのだが、和太鼓を通じてチームワークの大切さを身にしみて感じたという。

　私が「どのような時に、達成感を感じますか」と質問をすると、長谷川さんは、人に喜んでもらった時、と答えた。いっけん普通の回答のようだが、社会人になって、大勢の観衆を前に達成感を感じられる環境にいることは、だれもが体験できることではない。「お金がかかっていなくて、打算が何もない中でもらった『ありがとう』『良かったよ』の言葉はお世辞なんてない、本当の言葉だからすごく嬉しいし、やってきて良かったって思うよ」。

　長谷川さんはある夏、車でドライブ中に埼玉の場所も分からない土手で小さな盆踊りが開催されているのを見つけた。しばらく見ていると、そこで叩いているのは男の人たった一人であるということに気付いたのだという。大変だなあ、疲れるだろうなあ…そう思った長谷川さんは、「良かったら太鼓代わりましょうか」と申し出た。その土地で名が知られているわけでもなく、どこの誰かも分からない女性の和太鼓パフォーマンスは、周りの観衆を驚かせると同時に魅了し、「ぜひ来年も」とお願いされたという。

　また、高級老人ホームで演奏をした時は、太鼓の音に合わせて心から楽しむおじいちゃん、おばあちゃんの姿を見て喜びを感じ、「お金はたくさんあるかもしれないけれど、表情がとにかく暗くて、どうにかしてこの人たちを歓ばせたいと思った」という。

　「自分の中の百パーセントをキープして出し切れたら、そこに達成感が生まれるでしょ。でもその百パーセントの自信のためには、二百パーセント、三百パーセントの練習が必要なんだよ」と長谷川さんは言った。チームを結成し、十四曲ものオリジナル曲をつくり、時には泣きながらその練習に励んだという。すべて思い入れの強い曲だから、中途半端にはやってほしくない、という長谷川さんの言葉を聞き、与えられた曲をただただ練習していただけの私は恥ずかしく、そして情けなくなった。

　「プロじゃなくて良かったと思うんだよね」。プロだとお金が絡んでくるし、意識が変わってしまうからだ。お金が絡むビジネスでもない。何でもアリで好き勝手にできる娯楽でもない。精一杯の、百パーセントのパフォーマンスをして、嘘いつわりのない笑顔を、喜びを受け取る。

　「いやぁ、お金じゃ買えないっすよ」。そう語る長谷川さんの目には、これからも太鼓と共に生きていくぞ、という活力がみなぎっているように感じられた。

2008年10月29日
巣鴨駅近くの飲食店にて(4)

(4)文末には取材した場所と年月日を記してください。

例文2

宇宙と宇宙がぶつかったときのインパクト

矢木田豊[5]

学籍番号　〇〇〇×××

　福永昭[6]。経営学部教授。平成三年四月より亜細亜大学に勤める。趣味はインターネット。

　「宇宙と宇宙がぶつかった時のような、そんなインパクトを観光は与えるんです」。そう熱く語るのは、本校の経営学教授で、主に観光関連教科を教える福永昭先生だ。福永先生は、本校に来る以前は国際観光振興会などで観光開発の仕事をやっていたという。そんなある日、新聞で亜細亜大学の教員募集の記事を目にして応募し、そして現在に至っている。

　「観光の意義とは、自分を変え、相手を変える。そのエネルギーが何なのか、というのを学ぶのが、観光学だと私は思います」。

　先生の観光学の出発点は、ある事件だという。「ある国で、外国人相手のスーパーに行ったんですけど、その時両足のない物乞いの子供に足を掴まれたんです。そして、僕にお金を乞うてくるんです」。その子の両足が、観光客からお金をめぐんでもらう為[7]に、実の親の手によって切断されたという事実を知った先生は、心に大きな衝撃を受けた。それまで主に観光開発を専門に仕事をしていた先生は、この事件を機に観光というものは自分が参加することによって、おびただしい影響をその国の人に与えているんだと気付いたと言う。それから観光のマイナス面、インパクトのようなものを勉強しようと思い、イギリスの大学へ留学した。

　「変容するんです」その土地が観光地化することで、家族制度も文化も人も生活習慣までも変わる。この点を考えると、観光は人の生きかたも変える教育産業であると思います。そう語る先生は、観光を通して感動したこともある。「秋田県の鹿角市で、まったく見ず知らずの人から温かみのこもった挨拶をされて、私は、ここはなんていい所なんだろうと思いましたね」。それから、そこがものすごく好きになったと言う。「だって私のマンションなんかエレベーターで会っても、だれも挨拶しないもん」と、ふと気付いたように笑みをこぼした。

　だが、苦い思い出もある。国際観光振興会時代のこと。「イギリスの小学校で日本のことを話してくれと言われて、四年間滞在したけど、とうとう子供の英語を聞き取ることができなかった」と笑いながら思い出を話して下さった。

　今後改めて何かやりたいことは？　との質問に対し、先生は、「年を取ったせいかもしれませんが、最近はどうやったら人間は元気になるのかということに関心が湧いてきたんです」と言う。「精神的に元気になるために、不愉快なストレスを避けたいと思うね。意識的に夢を与えることが必要なんだ。意識的に違う世界を見ることによって、どんどん自分を変えていきたい」と語ってくれた。

　大学時代、ロシア方面の旅行を扱う旅行会社でアルバイトをしていたという福永先

[註]
(5) 矢木田豊くんは、2003年3月に経営学科を卒業。
(6) 福永昭先生は、1991年4月〜2002年3月まで経営学部に在職。
(7) 「為」「又」「様な」「然し」「但し」「尚」等の漢字は、平易な平仮名で書きます。

生。そのとき添乗員をやって、自分の父親くらいの年代の人からずっと頼りにされたことが今でも印象に残っているらしい。この頃から先生は、自分を「変容」させようと思っていたのかもしれない。

　近年のアジア諸国に、自分の子供の頃の日本の姿を見るという福永先生。このインタビューの最後のセリフはこうだった。「アジアの人たちの、かつて日本人ももっていたはずの心の優しさに触れて、元気になりたい！」。

　観光は、自分自身を変える産業である。観光という一つの行動を通して、私たちは自分を「変容」させることができるであろう。

1999年5月19日
602研究室にて

---

task1　例文2のインタビュー記事の長所と短所を、各一つずつ挙げてください。

長所
……………………………………………………………………………………………

短所
……………………………………………………………………………………………

task2　例文2のインタビュー記事のキーワードは何か。また、そのキーワードを使うことによって、どのような表現効果がもたらされているか、考えてみましょう。

キーワード
……………………………………………………………………………………………

表現効果
……………………………………………………………………………………………

task3　巻末のインタビュー記事も含めて、一番おもしろかった記事を選んでください。また、その理由も考えてみましょう。

一番おもしろかった記事
……………………………………………………………………………………………

理由
……………………………………………………………………………………………

5W1Hとは

　次に書く「5W1H」は、インタビュー記事をより良いものにするために不可欠な内容です。わかりやすく、深みのあるインタビュー記事を作成するために、以下のことを意識しながらインタビューを行うことが重要です。

　インタビュー取材においては、よく「5W1Hが大切だ」と言われますが、その「5W1H」とは何でしょうか。そのことを考えるために、以下に『ライターになるための練習問題100』（雷鳥社、1999年）からコラムを一つ引用します。

> ［編集の現場から］　かつてバレリーナの草刈民代さんにインタビューしたときのこと。「「白鳥の湖」を踊る自分の手が、白鳥の翼に見えた瞬間があった」と語ってくれた。でも、そう話す彼女の真剣さや、一つの世界を極めた才人だけが発するオーラのようなものを、「自分の手が翼に見えた」という一文では表現できないことに気づいてガク然としたのを覚えている。テープには、そんな思いのすべてがしっかりと残っていたのだが。（新楽）

　さて、上記のインタビュアーは、自分の取材がまだ浅かった、十分でなかったことを嘆いているわけですが、では、この場合、さらにどのような質問を重ねればよかったのでしょうか。考えてみましょう。

　例えば、「白鳥の湖」の中のどの場面（where/when）で自分の手が翼に見えたのでしょう。白鳥が傷つき倒れた場面だったのでしょうか、それとも復活を遂げた場面だったのでしょうか。その翼は生々しく傷ついたリアルな翼だったのでしょうか、それとも壮麗な絵画に描かれるような幻想的な翼だったのでしょうか（how）。なぜ翼に見えたのでしょうか（why）。それは彼女がスランプから脱した瞬間だったのでしょうか、それとも家族が長い闘病生活からやっと回復したからでしょうか。あるいは新しいコーチの指導が素晴らしかったからでしょうか（why/who）。その瞬間に何を感じたのでしょうか（what）。という具合に、相手の回答に応じて質問をさらに深めていく必要があります。『インタビューの社会学』（せりか書房、2002年）を書いた桜井厚氏は、ライフストーリー・インタビューにおける傾聴（取材）には、少なくとも三つのレベルがあると述べています。

　「第一のレベルは、語り手が何を言いたいか、をしっかりと聞き、語りたいことを理解することである。第二のレベルは、いかに語られたか、という語りの構成されるプロセスに注意をはらうことである。さらに、第三のレベルは、より個人的で

『内的な声 inner voice』を聞くことである。」

インタビュー初心者の私たちは、このうち第一、第二のレベルまでを心がけながら実践していきましょう。

参考図書

前節で、このインタビュー実践の到達点、つまり、どのようなインタビュー記事を書けばよいのかということがイメージできたと思います。その到達点に至るために、このテキストでは、今後、いくつかのスキルや心構えについて考え、事前準備を行っていきます。

インタビューという一連の活動は、大変奥の深いものです。このテキストだけではカバーできないさまざまな知識を得るためにも、以下に参考図書を挙げておきます。ぜひ手にとって参考にしてみてください。

ちなみに、各図書の発行年を見てわかるように、2000年代に入り、この分野の本が急増しています。社会人としてコミュニケーション能力の重要性が叫ばれる昨今、インタビューを実践して記事を書くという行為は、ジャーナリストや作家ではない私たちにも、社会生活を送る上で、役立つ点が多いということなのです。

(☞の付いたものは、お勧め図書)

- 加藤秀俊『取材学』中公新書 1975年
- スタッズ・ターケル著、中山容他訳『仕事!』晶文社 1983年
- 立花隆『「知」のソフトウエア』講談社現代新書 1984年
- CWS編『ライターになる!』メタローグ 1995年
- 関礼子ほか『現代文章講座』世織書房 1996年
- ☞立花隆＋東京大学教養学部立花隆ゼミ編『二十歳のころ』新潮社 1998年
- 『ライターになるための練習問題100』雷鳥社 1999年
- S・ヴォーン、井上理ほか著訳『グループ・インタビューの技法』慶應義塾大学出版会 1999年
- 『インタビューの社会学——ライフストーリーの聞き方』せりか書房 2002年
- ☞永江朗『インタビュー術!』講談社現代新書 2002年
- 花田達朗『実践ジャーナリスト養成講座』平凡社 2004年
- 上野啓子『マーケティング・インタビュー』東洋経済新報社 2004年
- 柴田元幸『ナイン・インタビューズ 柴田元幸と9人の作家たち』アルク出版 2004年
- ジェイムズ・ホルスタインほか『アクティヴ・インタビュー——相互行為としての社会調査』せりか書房 2004年
- 桜井厚、小林多寿子『ライフストーリー・インタビュー——質的研究入門』せりか書房 2005年
- 河西宏祐『インタビュー調査への招待』世界思想社 2005年
- ☞齋藤孝『質問力』ちくま文庫 2006年
- 永江朗『聞き上手は一日にしてならず』新潮文庫 2008年
- 野村進『調べる技術、書く技術』講談社現代新書 2008年
- 神足裕司『空気の読み方——できるヤツと言わせる「取材力」講座』小学館101新書 2008年
- ☞藤井誠二『大学生からの取材学』講談社 2009年
- 谷原誠『人を動かす質問力』角川書店 2009年
- 福井遥子『お客さまの"生の声"を聞くインタビュー調査のすすめ方』実務教育出版 2010年
- 立花隆『二十歳の君へ』文藝春秋 2011年
- ☞原正紀『インタビューの教科書』同友館 2011年
- ☞阿川佐和子『聞く力』文春新書 2012年
- 松井東『「ホンネ」を語らせる技術』中央経済社 2012年

Step2 インタビューを「準備する」

はじめに

インタビューの心構え「礼に始まり礼に終わる」

まず、インタビューという行為の「輪郭」をはっきりさせることから始めましょう。

インタビューとは、まさに相手の「話を聴く」ことですが、決して友人とのおしゃべりの中で「話を聴く」ものではありません。また、授業で先生の「話を聴く」ということとも違います。インタビューは、インタビューをする人がインタビューの対象となる人に質問をして答えを引き出すことにその特徴があるのです。

ところで、インタビューと同じように質問と応答から成り立つものに「面接」（入社面接など）がありますが、実はこの二つは似ているようで異なるものです。では、面接とインタビューとでは、いったい何が違うのか考えてみましょう。

task4

インタビューと面接の違いについて最低3つ以上の意見を出しましょう。「面接は〜であるのに対し、インタビューは〜だ」という形式で、思いつくことをみんなで提示し合い、メモしていきましょう。

・面接は　　　　　　　　　　　　　　　　　　　　　　　　　のに対し、

　インタビューは　　　　　　　　　　　　　　　　　　　　　　　　だ。

・面接は　　　　　　　　　　　　　　　　　　　　　　　　　のに対し、

　インタビューは　　　　　　　　　　　　　　　　　　　　　　　　だ。

・面接は　　　　　　　　　　　　　　　　　　　　　　　　　のに対し、

　インタビューは　　　　　　　　　　　　　　　　　　　　　　　　だ。

task5

タスク4で出た意見の中から、面接とインタビューの違いを最もよく表現していると思うものを、話し合いによって1つ選んでください。（読み上げてもらいますので、グループ内で発表者を決めておいてください。）

task6 タスク４とタスク５の結果を踏まえて、インタビューをする際の心構えとして最も重要なことは何か、考えてみましょう。

「インタビューでは、常に　　　　　　　　　　　　　ことを念頭に！」

　ところで、ここまでに確認した心構えとは、実際にインタビューの現場にのぞむときにだけ気をつければいいことではありません。事前準備の段階から、インタビューを実施する場面、そしてそれをもとに記事を書く段階、さらに記事が完成して提出が済んだあとの段階にも、ぜひ注意を払っておきましょう。

　さて次は、もう少し実践的な内容について考えてみましょう。皆さんの行うインタビューは、原則として「未知の社会人」が相手です。手紙やメール、あるいは電話でアポイントメントを取るとき、また、実際にインタビュー相手に対面したとき、あなたはどのように振る舞うべきでしょうか。

task7 皆さんが実際にインタビューの相手に対面したときに気をつけるべき点について考えてみましょう。次の点について、グループで話し合い、意見をまとめてください。（あなたとインタビューの相手とは初対面の間柄とします。）

①あなたはどんな服装をしていくべきでしょうか。あるいは、どんな服装は控えるべきでしょうか。

②インタビューの相手に初対面のあいさつをするとき、椅子に腰掛けているほうがいいでしょうか、それとも立っているべきでしょうか。どこに視線を向けたら良いでしょうか。どんな表情をしているべきでしょうか。

③どのような内容のあいさつを、どのような言葉遣いで述べるべきでしょうか。具体的なあいさつを書いてみましょう。

task8 各グループの代表者が順番にみんなの前に出て、先生をインタビューの相手に見立て、あいさつをしてみましょう。

1 インタビューの相手を決定する

　ここでもう一度、これから皆さんが実施しようとしているインタビュー実践についてイメージしてみましょう。
　このインタビュー実践の目的は、'仕事人'へのインタビューを通して、'社会へ出る'ということの意味を考え、自分の人生について考える機会を得ることにあります。（それに加えて、記事を作成することで文章能力を高めるという意義もあります。）したがって、計画性を持たずに相手を選び、単なるおしゃべりで終わってしまうのでは、このインタビュー実践の目的を果たせないことになります。どういう人に会って、どのような話を聞くべきか、そして聞いた話から何が得られるかまで考え、インタビューの準備を行うことが重要です。また、本や論文、雑誌や新聞などでは決して得られない生きた情報を手に入れられることも、インタビューの特徴です。そのような認識を持って、これからの事前準備に取り組むようにしてください。
　さて、ここでは、実際にインタビューを依頼する相手を決定します。安易な理由で相手を決めるのではなく、各タスクの意義を考えながら、自分にとって有益となる相手を選びましょう。

task9　　インタビューしてみたい人についてまとめてみましょう。
　　　　　【例】職業、社名（団体名）、関係、年齢　など

task10　　その人にインタビューしたいと思う理由をまとめてみましょう。
　　　　　【例】その人の仕事に興味があるから
　　　　　　　　その人がいきいきしているように見えるから　など

task 11 その人についての記事や資料などがあるか調べてみましょう。

task 12 実際にその人にインタビューを依頼することは可能かどうか考えてみましょう。また、そのように判断した理由も考えましょう。

可能　or　不可能
⋮
▼
どうして？

....

....

「不可能」だと判断した人は、もう一度、タスク9に戻って考え直してみましょう。

2 質問項目をまとめる

　ここでは、インタビューの相手に尋ねる質問項目をまとめます。
　意味のある質問をするためには、まず、インタビューの趣旨と目的を改めて意識化しておく必要があります。何を得るために何を聞くのか、そして、インタビュー記事を読む人に何を伝えたいのかを考えることも重要になります。また、事前調査を通じて、相手および相手の仕事についてある程度理解しておく必要があります。事前調査を通じてわかったことを基に、インタビューの中でより深く質問したい項目を考えていきます。さらに、聞きたいことすべてを質問できるわけではないので、質問の内容や重要度によって整理、分類しておくことも大切です。

task 13　インタビューの趣旨と目的を整理してみましょう。
【例】大学生活で何を学ぶべきかを考えるため
　　　　人生設計のため　など

task 14　インタビューする相手について把握できていることを整理してみましょう。
【例】職業、社名（団体名）、役職、役割　など

task15 事前に把握できているもの以外で、実際にインタビューで質問してみたいことを書き出してみましょう。

【例】なぜ今の仕事をしようと思ったか
　　　今の仕事をするために大学生のときにどのような準備をしたか
　　　今、大学生に戻れるならどのような勉強をしたいか　など

※この段階では、頭の中で質問を絞り込んでしまうのではなく、どんな質問でもいいので、思いついた質問をメモしていきましょう。たとえ、「おもしろくない」あるいは「実際のインタビュー時には役立たない」と思われる質問でも、どうしてそれが「おもしろくなくて、役に立たないのか」を意識化しておくことは、十分に意味のあることです。

task 16

タスク 15 で考えた質問の中から、最も重要だと思う質問を選びましょう。また、それに関連する質問を選び、グルーピングしてみましょう。

重要な質問 1
……………………………………………………………………………………………
① ……………………………………………………………………………………………
② ……………………………………………………………………………………………

重要な質問 2
……………………………………………………………………………………………
① ……………………………………………………………………………………………
② ……………………………………………………………………………………………

重要な質問 3
……………………………………………………………………………………………
① ……………………………………………………………………………………………
② ……………………………………………………………………………………………

重要な質問 4
……………………………………………………………………………………………
① ……………………………………………………………………………………………
② ……………………………………………………………………………………………

重要な質問 5
……………………………………………………………………………………………
① ……………………………………………………………………………………………
② ……………………………………………………………………………………………

3 アポイントメントを取る

　ここでは、インタビューの相手へのアポイントメントの取り方（以下、'アポ取り'）について考えます。実際のインタビューへ向けてのいい流れを作るという意味でも、適切な方法でアポ取りを行うスキルを身につけましょう。

　英語である 'appointment' を和訳すれば、「約束」ということになりますが、単なる「約束」ではなく「仕事上の」という含みがあります。したがって、この「仕事上の」という部分を重く受け止め、「友達との約束」ではあまり考えなかったことも、意識的に考えておく必要があります。これを怠ると、インタビューを断られるケースもあります。また、断られないまでも、相手を不快な気分にさせてしまったり、その不快感がインタビューの当日まで尾を引いて、インタビューの失敗につながったりする可能性もあります。決してマイナスの印象を与えないように、相手が気持ちよくインタビューを引き受けてくれるようなアポ取りを目指してください。

3.1　'アポ取り' の手段

　まず考えなければならないのが、どのような手段でアポ取りを行うのかということです。友達との約束であれば、何も考えずに 'E メール' あるいは '直接会う' ということになるかもしれませんが、「仕事上の」という性格を持つアポ取りでは注意が必要です。一般的には、以下の手段が考えられるでしょう。

　　① 手紙＋電話　　② 電話　　③ 直接　　④ E メール

task17　それぞれの手段の良い点と悪い点について考えてみましょう。（「あなたにとって…」ではなく、「相手にとって…」という視点で考えてみてください。）

　　① 手紙＋電話　良い点
　　　　　　　　　……………………………………………………

　　　　　　　　　悪い点
　　　　　　　　　……………………………………………………

　　② 電話　　　　良い点
　　　　　　　　　……………………………………………………

　　　　　　　　　悪い点
　　　　　　　　　……………………………………………………

　　③ 直接　　　　良い点
　　　　　　　　　……………………………………………………

　　　　　　　　　悪い点
　　　　　　　　　……………………………………………………

④　Eメール　　良い点
　　　　　　　　　　　　　　　　..
　　　　　　　　悪い点
　　　　　　　　　　　　　　　　..

task 18　あなたのインタビューの相手には、どんな手段でアポ取りを行うのが最適か考えてみましょう。

あなたのインタビューの相手
　　　　　　　　　　　　　　　　　　　..

アポ取りの手段
　　　　　　　　　　　　　　　..

理由
　　　　..

3.2　'アポ取り'の中身

　次に、依頼する相手に'何を''どのぐらい'伝えるのがよいのか考えてみましょう。例えば、友達との約束であれば、A太郎「映画、見に行かない?」、B子「何の?」、A太郎「'おくりびと'」、B子「おもしろいの?」、A太郎「よくわからないけど…、まあ…見に行ってみようよ。」という流れで、約束を取り付けることもできます。誘う側のA太郎には、どうしてその映画を見たいのか、見てどんな効果が期待できるのか、明確なものは何もありません。このようなことは、友達同士の約束であれば、ごく自然なことです。しかし、アポ取りではそうは行きません。「おもしろいかどうかはよくわらないんですが、ぜひインタビューをお引き受けください」という依頼では、誰もインタビューになど応じてはくれないでしょう。相手に不信感や不安感を持たせないように、いくつかの情報を盛り込む必要があるのです。適切な内容と情報量で「それなら応じてもかまわない」と思わせるようなアポ取りを行いましょう。

task 19　手紙でアポ取りを行うことを想定して、どのような内容を盛り込むべきか考えてみましょう。

task20 以下の対応は適切だと思いますか、それとも不適切だと思いますか。また、そのように思う理由も考えてみましょう。

1) 日時を相談する際、初めに「いつでもけっこうです」と言って相手に都合のいい日を選んでもらった。　　　　　　　　　　　　　　　　　　　【適切・不適切】

理由 ……………………………………………………………………………………

2) 電話でのアポ取りの結果、インタビュー実施日が2日後に決まった。近い日にちなので、前日に確認の連絡は入れなかった。　　　　　　　　　【適切・不適切】

理由 ……………………………………………………………………………………

3) 連絡先を聞かれたので、携帯電話のメールアドレスを教えた。
　　　　　　　　　　　　　　　　　　　　　　　　　　　　　　【適切・不適切】

理由 ……………………………………………………………………………………

3.3　礼儀とマナー

　この節では、インタビューの事前準備の最後として、礼儀・マナーについて考えます。

　これまでの準備がしっかりしていれば、あなたのインタビューは着実に成功に近づいていると言えます。しかし、これまでせっかく積み上げてきた準備も、インタビュー当日のふるまい方次第では、'失敗'のインタビューになってしまうこともあります。'成功'のインタビューができるように、当日の礼儀・マナーについて深く考えてみましょう。

3.3.1　礼儀・マナーについて考えよう　〜'遊び'ではないと思わせるために〜

　いいインタビューを実施するためには、こちらの興味に対して、相手に一所懸命に応えてもらう必要があります。しかし、もしこの活動自体が単なる'遊び'だと受け取られてしまったら、相手は十分に本音を語ってはくれないでしょう。この「インタビュー実践!」では、皆さんは学生であるということ、また、相手に無償でインタビューを受けてもらっていることなど、'遊び'と誤解されかねない要素も含まれています。しかし、これまでの下準備を通して、'遊び'だと思っている人はすでにいないと思います。皆さんの本気を伝えるために最善を尽くしましょう。

　では、どのように最善を尽くすのか。ここでは、それを礼儀・マナーと結び付けて考えてみたいと思います。つまり、この「インタビュー実践!」における礼儀・マナーを「'遊び'だと思われないように、しておくべきこと」と定義したいと思います。次のタスクをやってみてください。

task21 '遊び' と思われないような行動・ふるまいとは何か考えてみましょう。

....

....

3.3.2　言葉遣いについて考えよう　〜'タメ口'にならないように〜

　若い頃は、「言葉遣いに気をつけなさい」「正しい敬語を使いなさい」と言われると、何か決められたルールを無条件に守りなさいと言われているような気がして、「難しいなぁ…」「面倒くさいなぁ…」というマイナス意識を持つものです。しかし、社会人になった人は皆、そのようなマイナス意識を持っていたことも忘れ、丁寧な言葉遣いや敬語を体得し、それをTPO（Time, Place, Occasion）に合わせて使い分けています。では、学生と社会人とでは何が大きく違うのか。それは実感なのです。言葉遣いで成功し、反対に失敗した経験を多く積み重ねた後に、「やっぱり言葉遣いって、人間関係を円滑にするために重要なものなんだなあ…」という実感を誰もが持つのです。

　この「インタビュー実践！」を通じて、アルバイトとはまた違う心持ちで、丁寧な言葉遣いを実践してみてください。適切な言葉遣いで対話できたときに生まれる'実感'をぜひ味わってみてください。

task22　タスク16で箇条書きにした質問項目を、実際のインタビューの場で相手に話す表現に直してみましょう。（P37〈質問項目〉に記入してください。）

Step3 インタビューを「実施する」

　いよいよインタビューの日が迫ってきました。これまでの準備がしっかりしたものであれば、皆さんのインタビューは必ず成功するはずです。ここでは、一般的な手順とポイントを紹介しますので、参考にして当日の流れをイメージしておきましょう。

　また、インタビューの実施に際し、基本的な情報と質問項目も再度確認しておきましょう。これから仕事人と関わる皆さんにとって、基本的な情報とは「絶対に間違えることが許されない情報」と認識しましょう。失礼やミスが起こらないよう、細心の注意を払って36頁の項目に記入してみてください。質問項目については、すでにタスク16で記入済みだと思いますが、インタビューの際に、対話の流れを自然に生み出すことができるよう何度も確認をしておいてください。

1 手順

インタビュー前

行　動	内　容
あいさつと自己紹介	簡単なあいさつと名前と所属を言う。
お礼	インタビューに応じてくれたことに対するお礼を述べる。
時間の確認	アポ取りの際に約束した時間を再度確認する。
目的の確認	アポ取りの際に伝えた目的を再度確認する。
（録音の許可）	録音が必要な場合は、原稿作成以外には使用しないことを伝えて許可をもらう。
記事掲載に関する承諾	記事が作品集などに掲載され、公刊される可能性があることを伝え、承諾を得る。

　本題に入る前に、前置きを行います。まずは、元気なあいさつで好印象を与えましょう。それから、インタビューを引き受けていただいたお礼を述べ、予定している時間やこのインタビューの目的などをもう一度確認しましょう。

インタビュー中

行　動	内　容
質問	事前に準備しておいた質問をする。

　準備した質問リストとメモを手元に置き、質問をしていきます。質問に対する答えはもちろん、記事にしたらおもしろいと思う発話を単語レベルでメモしていきます。その際、単語同士の意味関係がわかるように、線や矢印、記号などを有効に活用しましょう。聞き終わった質問にはチェックを入れていきます。質問の重複を避ける意味もありますが、チェックを入れていくことで、項目全体の消化率を視覚的にわかるようにできます。

task23　　①と②を比較して、どちらの会話がインタビューとして望ましいか考えてみましょう。(A＝インタビューアー　B＝相手：エンジニア)

①
A：どうしてこの職業を選んだのですか。
B：もともと物を作るのが好きだったんですよ。
A：そうなんですか。それは子どもの頃からですか。
B：ええ、車とか船とかガンダムのプラモデルとか…。家中、プラモデルだらけでしたよ。
A：そんなにたくさん…。
B：ええ。親が買ってくれたんです。テレビゲームなんかは絶対に買ってくれなかったんですが、プラモデルが欲しいって言うと必ず買ってくれたんですよ。変わった親でしょ。

②
A：どうしてこの職業を選んだのですか。
B：もともと物を作るのが好きだったんですよ。
A：そうなんですか。では次の質問ですが、今の仕事で大変なことは何ですか。
B：えっと…、忙しい時期は残業が多くなることですね。年末は、帰りが12時近くになることもよくあります。
A：そうですか。では、これからの夢は何ですか。
B：えっと…、自分の会社を持つことですね。

望ましいと思う方 ……………………………………………………………

理由 ………………………………………………………………………………

インタビュー後

行　動	内　容
原稿作成について	今後の原稿作成の過程について説明。
内容確認について	原稿作成の過程で出てきた疑問を確認させていただく場合があることを説明。
お礼	インタビューに応じてくれたことに対して改めてお礼。 ※書き方については、STEP5で考えます。

　インタビューの相手は、このインタビュー内容が今後どのように文章化され、どのような読者に向けて公表されるのかに関心があるので、原稿作成のスケジュールや公表の方法など、より具体的に説明します。また、原稿作成の過程でもう一度確認したい内容が出てくる場合があります。その時のために、再度、内容確認の連絡をすることがある旨を伝えておくようにします。最後に、忙しい時間を割いてインタビューに応じてくださったことに対して、心からお礼を述べます。

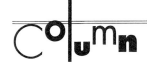

インタビューを成功に導く4つのポイント

point 1

～'前置き'で緊張緩和～

　P31「インタビュー前」で見た手順は、一見、事務的で単調なもののように見えますが、丁寧に行うことが大切です。実は、インタビューは、'する側'だけではなく'される側'も緊張し、不安を抱えているのです。どんな人にインタビューされるのか、時間はどれぐらいかかるのか、どんな質問をされるのかなど、アポ取りの時に聞いた内容でも、当日、前置きとして丁寧に説明されることで安心できます。この部分を、早口で済ませてしまうと、不安が緊張を呼び、その後のインタビューに悪影響を与えてしまいます。まずは、自分と相手の緊張を解きほぐす意味で、意識して大きな声でゆっくりと前置きを行いましょう。

point 2

～インタビュー＝対話～

　'インタビュー＝対話'であるという意識を強く持ちましょう。インタビューは、語学の練習でよく行う'Q&A'ではありません。その違いは、タスク23で確認したとおりです。

　タスク23の①は、相手の言ったことに対して新しい疑問が生まれ、それを質問している例です。②は、相手の言ったこととは関係なく、自分が用意した質問を次々に消化しようとしている例です。相手にいろいろと話してもらうためには、こちらが相手の話に興味を持ち、そのことを相手に感じさせることが大切です。②のように、用意した質問を消化することだけに集中していては、相手は話す意欲を失い、十分な発話を引き出せないままインタビューが終了してしまいます。'Q&A'のような無味乾燥なインタビューは避けたいものです。

　インタビューを'Q&A'ではなく'対話'にするために、P26に作成してある質問項目が重要になります。質問の重要度や関連性などを考えて、質問の順番や配置を考えておく必要があります。これがしっかりと自分の頭の中で整理されていると、無理に「相手の話に合わせて、新しい質問を…」と気負わなくても、中心的な質問を核として、対話の流れを自然に生み出すことができます。一方的な'質問会'にならないよう、「中心的な質問は必ず消化するが、その他の細かい質問は成り行きに任せる」ぐらいの心持ちでインタビューに臨みましょう。

　また、'インタビュー'は'勉強会'ではありません。相手の話に対してあいづちも打たず、目も合わせず、メモを書くことに集中していたのでは、相手は「果たしてこの人は私の話に興味があるのだろうか…?」と不信感を抱き、結果的に一所懸命に語ってくれなくなってしまいます。'インタビュー＝対話'という意識を強く持ち、相手の目を見て、大げさなぐらいのあいづちを打って話を聞く。話と話の'間'を利用して補足的にメモを取る。メモ取りについては、以上のような認識を持っておくこ

とが大切です。

point3

~'間'の効用~

「話と話の'間'」ということが出てきましたが、これについてもう少し深く考えてみましょう。'間'というと、対話が噛み合わずに生まれてしまうマイナスの意味での'間'を想像しがちです。しかし、いい意味での'間'もあります。ノンフィクションライターの藤井誠二氏は、その著書(『大学生からの取材学』講談社)の中で、'間'は、次の展開につなげるために欠かせないもので、相手が興味深い話を生み出そうとしているタメのようなものだと述べています。お互いに何もしゃべらない沈黙の時間は不安を感じさせるものですが、相手にとっては必要な沈思黙考の時間なのかもしれません。こちらからその'間'を壊してしまっては、相手が言おうとしていた興味深い話が聞き出せなくなる危険性もあるのです。マイナスの'間'なのか、いい意味での'間'なのか。それを知るためには、相手の目や表情を見て心情を推し量ることが大切なのです。相手を見ず、質問の消化とメモ取りに終始するのではなく、'場の雰囲気'を感じながら話を聞くことが大事だと言えるでしょう。

point4

~インタビュー後も'いんたびゅー'~

P33「インタビュー後」の手順を終えた後も、もし余裕があれば、相手に何か質問をしてみるのもいいでしょう。正式なインタビューが終わったこともあり、お互いの緊張がほぐれているので、会話が弾むことがあります。この会話から、おもしろい話を聞くことができる場合もあります。よくインタビュー前に、何かインタビューと関係のない話で雰囲気作りをすることがありますが、緊張度の高い最初よりも、インタビュー後のほうがおもしろい会話ができるものです。忙しい相手にこれをするのは禁物ですが、相手に時間的な余裕がありそうだったら、どんなことでもいいので聞いてみましょう。

※以上の内容は主に、永江朗『インタビュー術!』講談社現代新書 2002 年、藤井誠二『大学生からの取材学』講談社 2009 年を参考としている。

2 インタビューノート

〈基本情報〉

☐ 相手の名前が正確に書けますか、読めますか。　　　　　　　　　　様

☐ 相手の職業を把握していますか。

☐ 相手の連絡先を把握していますか。

☐ 取材日時を把握していますか。　　月　　日　　曜日　　時　　分

☐ 取材場所を把握していますか。

その他の情報

〈質問項目〉

□重要な質問１
　　　　　　　　　……………………………………………………………………

　　□①
　　　　　……………………………………………………………………………

　　□②
　　　　　……………………………………………………………………………

□重要な質問２
　　　　　　　　　……………………………………………………………………

　　□①
　　　　　……………………………………………………………………………

　　□②
　　　　　……………………………………………………………………………

□重要な質問３
　　　　　　　　　……………………………………………………………………

　　□①
　　　　　……………………………………………………………………………

　　□②
　　　　　……………………………………………………………………………

□重要な質問４
　　　　　　　　　……………………………………………………………………

　　□①
　　　　　……………………………………………………………………………

　　□②
　　　　　……………………………………………………………………………

□重要な質問５
　　　　　　　　　……………………………………………………………………

　　□①
　　　　　……………………………………………………………………………

　　□②
　　　　　……………………………………………………………………………

Step4 インタビュー記事を「作成する」

1 記事作成の際の留意点

　　STEP1の2つの例文および巻末資料Ⅱ①〜⑨の例文から、これから皆さんが書こうとするインタビュー記事についてのイメージはある程度でき上がっているものと思います。ここでは、記事の作成にあたり、留意すべき点について説明します。次の点に気をつけて、記事の作成に取り組んでください。

形式にかかわること

① **文章量は適切ですか。**
　　このテキストにおけるインタビュー記事の字数は1600字〜2200字程度とします。これ以上短いと内容が薄くなりますし、長すぎても「ポイントを絞って書く」という文章作成に大事な過程が失われてしまいます。（特に社会に出ると、書きたいことを無制限に書けるという機会はほとんどありません。）この範囲内でまとまった内容が書けるよう努力してください。

② **一問一答式ではなく、地の文に会話文が織り込まれていますか。**
　　このテキストにおけるインタビュー記事は、「相手の言ったことをそのまま書く」のではなく、「取材内容を自分の言葉で表現し直す」ということを重視しています。この'表現し直す過程'こそ、文章能力向上において欠かせない過程なのです。したがって、雑誌などでよく見るようなQ&A方式の連続ではなく、自分で表現し直した'地の文'の中に、相手の実際の発話を織り交ぜるような形式を目指してください。
　　また、会話文を織り込む際の注意として、「　」と句点（。）の使い方にも注意しましょう。

　　　　「・・・。」／「・・・」。→ OK　　　「・・・」。と言った。→ NG

③ **「だ・である調」の文体で統一されていますか。**
　　文末形式は「だ・である調」で統一します。「です・ます調」がときどき混じるこ

とのないように注意しましょう。

④ **文章末に取材年月日・場所が記されていますか。**
　読者が記事を読むにあたって重要な情報となる場合があるので、必ず記してください。

読みやすさにかかわること

⑤ **誤字脱字はありませんか。**
　漢字、カタカナの誤変換に気をつけてください。特に漢字は、正確な書き方がわからなくても、パソコンで容易に漢字を交えた文章が書けます。しかし、正しい漢字を選択できるかできないかは、やはり皆さんの漢字能力にかかっています。正しいかどうか自信のない漢字は、しっかりと辞書で調べて書くようにしましょう。
　また、文法語（機能語）にまで漢字を使用することも避けてください。「事故に遭ったことがある」「…。また、彼は…」「お金をかせぐために…」「子供のような目で笑った」の下線部のように、実質的な意味ではなく文法的な機能を持つ表現は、通常「事」「又」「為」「様」などの漢字を使いません。パソコンでの文章作成に特有の間違いですので、気をつけましょう。また、「ある」「なる」などのように非常に広い意味を持つ動詞も、「有る／在る」「成る」などと表記しないのが普通ですので注意が必要です。

⑥ **主述は整っていますか。**
　「彼の夢は、幼い頃から花屋になりたいと考えていた。」は、主述が整っていない文の例です。「考える」主体は、「夢」ではなく「彼」ですから、「彼は、…と考えていた。」としなければなりません。または、「彼の夢は、…花屋になることだった。」とすることもできます。このような主述の一致しない文は、文章内容をわかりにくくする原因になりますので注意しましょう。

⑦ **段落の扱いは適切ですか。**
　段落は、一つの話題ごとに設けます。例えば、「インタビューの相手の基本情報」「大学時代」「就職秘話」「現状の不満」「今後の抱負」といった５つの話題を盛り込みたい場合には、５つの段落構成になります。（段落の目印として、一字スペースを空けて文章を始めます。）
　段落数が多すぎる記事というのは、たくさんの話題が無理につめ込まれ、話題がコロコロと転換し、一つ一つの段落の内容が薄い記事ということになります。一つ一つの段落に内容がある、適度な段落構成を持つ文章を目指してください。

⑧ **書きことばとして不自然になっていませんか。**

以下の例を見てください。
- 彼の目は少年みたいだった。
- 彼は野球とかサッカーとかに興味があったという。
- 一所懸命に頑張ったけど、大学に合格できなかった。
- やっぱり夢を持つことは大事だと思う。
- 彼の夢は医者になることだった。なので、医学部を受験した。

上の例にある「みたい」「…とか…とか」「けど」「やっぱり」「なので」は、話しことば的な表現で、地の文に用いると読み手に子供っぽい印象を与えます。それぞれ「のよう」「…や…など」「が」「やはり」「だから」とするのが適切です。常に、話しことば的な表現になっていないか注意を払いましょう。

また、この「インタビュー実践！」におけるインタビュー記事では、「山田〇〇さんは〇〇会社で営業を担当なさっている」や「30年間勤めていらっしゃる」などのように敬語を使う必要はありません。当然、インタビューの相手は皆さんにとって敬う対象ではありますが、そういった敬意は読み手にとっては重要な情報ではありません。それよりも、「営業を担当している」「勤めている」などとし、内容自体が簡潔に読み手に伝わる文章作成を心がけましょう。

その他

⑨ **情報は正確ですか。**

インタビュー対象の名前や会社名は基本的な情報であり、間違えることは許されません。名前に関しては、同じ発音で異なる漢字を使用することがよくあります。（「松島」と「松嶋」、「渡辺」と「渡部」など。）会社名に関しても、省略などせずに、正式名称を書くようにしましょう。（正式名が長い場合は、省略することを断って記載することは可能。）

⑩ **テーマ性のあるタイトルが付けられていますか。**

良いタイトル、おもしろいタイトルを考えようとすれば、必ず文章内容も見直すことになります。つまり、タイトル付けは、完成度の高い文章に仕上げるのに大変重要なことなのです。したがって、タイトルは、「～に聞く」や「医師」などの単純なものではなく、文章内容を端的に表現し、読者の興味を引きつけるようなものを考えてください。

2 書き方のポイント　〜上級者への道〜

　左記「1. 記事作成の際の留意点」では、最低限守るべき10の留意点を挙げました。ここでは、皆さんの文章を、インタビュー記事としてさらに良いものにするための3つの極意を紹介します。

一．

　インタビュー記事は、どうしても伝聞の調子になりやすいものです。「〜だという。」「〜そうだ。」「〜と言った。」「〜と話した。」「〜と語った。」「〜と笑って述べた。」等の文末表現が連続しすぎないように注意しましょう。相手のせりふを並べるだけではなく、相手の体験や経歴を的確に、そしてうまく読者に伝えることが重要です。
　したがって、相手のせりふは、なるべく魅力的な、あるいは文脈上必要不可欠な情報だけを選んで会話文に用い、他の部分は地の文に変換して、書き手自身が説明するように心がけてください。事実を中心に文章を組み立てながら、なおかつ、相手のせりふに頼り過ぎないように文章を組み立てることが肝要です。

二．

　「事実をして語らしめよ」という言葉があります。この場合の「事実」を「曖昧な印象や漠然とした感想ではない客観的で的確な情報内容」としましょう。そうした客観的な事実を積み重ねて表現することで、相手の魅力や個性が説得力をもって伝わってきます。インタビューの相手が、人生の途上で、当時「こう感じた」というのは一つの情報ですが、書き手の自分がそれを聞いて「こう感じた」というのは情報ではありません。つまり、相手が「こう感じた」という部分を有益な情報とし、それを重ねていくことがインタビュー記事なのです。さらに、その一つ一つの情報について、「なぜそのときこう感じたのか」ということを、（5W1Hを駆使して）より詳細に表現していく必要があるのです。

三．

　ありがちな表現に「「〜○○○」と言うときの彼女の目はとても輝いていた。」などがあります。このような表現は、記事の後半になれば使ってもいいのですが、前半から使うと軽々しくなります。「輝いていた」などのような過剰な比喩、美辞麗句を用いる前に、彼女がなぜ、どのように輝いているのかを彼女の実体験や事実に

則しながら説明してあげたほうが、より一層彼女を輝かせることができます。

　また、インタビュー記事の導入として、相手の服装や取材した場所について詳細に書くのもあまり意味がありません。もし服装や取材した場所について書くのであれば、それらが相手の仕事や記事のテーマとどう関わってくるのかを書けば、意味のある描写になるでしょう。過剰な表現、無意味な情報は避け、まずは簡潔で明瞭な文章を書くように心がけましょう。

3 インタビュー記事の評価基準

　次の項目に基づいて皆さんの記事を評価します。作成にあたり、まずは以下の項目をすべてクリアーできるように最善を尽くしてください。

〈1〉 明快な文章であるか。（誤字脱字がなく読みやすいか。主述が整っているか。段落を適切に設けているかなど。）
〈2〉 文章形式の約束事が守られているか。（文字数1600字以上〜2200字以内。「だ・である調」の文体で統一されているか。一問一答式ではなく、地の文に会話文が織り込まれているか。文末に取材年月日・場所が記されているか。印字プリントアウト（A4サイズ）したもので提出されたかなど。）
〈3〉 タイトルと文章内容が一致しているか。（「〜に聞く」や「美容師」などの単純なタイトルではなく、テーマ性のあるタイトルが付けられているかなど。）
〈4〉 「仕事人（ビジネスパーソン）」の「仕事」内容がよく説明されており、なおかつインタビュー対象がいきいきと魅力的に描写されているか。

　以上のうち、〈1〉〜〈4〉のすべてが満たされていればA、一つ欠けていればB、二つ欠けていればC、三つ以上欠けていればDとします。（この評価は、インタビュー記事に対する評価であり、科目の最終的な評価ではありません。）

　なお、優秀作品は、亜細亜大学経営学部の編集により出版される『The Interview 2015』に掲載され、表彰されます。

Step5 インタビュー実践を「振り返る」

　Step1〜Step4 を通して、皆さんは、インタビュー対象として興味のある相手を選び、実際に話を聴きに行き、そこで得た情報に基づいて記事をまとめるという活動を実践してきました。ここでは、「インタビュー実践！」の最終段階として、活動全体を振り返ります。さらに、相手に対して失礼のないお礼の方法についても考えます。

1 感想の共有と意識化

　ここでは、「インタビュー実践！」の最終段階として、活動全体を振り返ります。このインタビュー実践という一連の活動を通し、「初めての体験で楽しいことばかりだった」と感じている人もいるでしょうし、「大変で、つらかった」と感じている人もいるでしょう。いずれにしても、インタビューという責任の伴う活動の中で、皆さんが様々なことを考え、試行錯誤し、なんとかその責任を果そうと努力してきたことは事実です。そしてそれは、必ずやいい経験になることと思います。

　しかし、「いい経験だったなあ…」というレベルでは、このテキストの目標には到達できません。このテキストの目標、つまり'就業力の育成'に結びつけるためには、あと一工夫が必要です。それは、楽しかったこと、大変だったこと、つらかったことを、より掘り下げて考え、意識化しておくことです。「楽しかった」という感想であれば、どの部分が「楽しかった」のか、どうしてそれを「楽しい」と感じることができたのか。「つらかった」という感想なら、どの部分が「つらかった」のか、今後その「つらかった」経験をどのように自分の人生に生かしていけるのか。このように深く考え、その考えをほかの人と共有することは、現在の自分という人間についてさらに理解し、自らの将来を考える上での良い機会となります。Step1からのことを思い返しながら、活動全体を振り返ってみましょう。

task24　インタビュー実践全体（実際のインタビューだけではなくタスクなども含む）を振り返り、自由に話し合ってみましょう。

2 インタビューの相手へのお礼

　依頼という行為にお礼が伴うのは、ごく当然のことです。しかし、その「当然」を「事務的で形式的なこと」と理解してはいけません。皆さんのインタビューの相手が'友達'ではなく'仕事人'だということを考えると、確かに、ある程度決まった形式の中で、簡潔に謝意をまとめる必要があります。しかしそうかと言って、形式的に整っただけの礼状をもらって心から嬉しく感じるでしょうか。このように考えると、簡潔で、決まりきった形式の中に、自らの謝意が最大限に伝わるように工夫するというのが、ビジネスにおけるお礼ということになりそうです。以上のような視点を持ち、インタビューの依頼に快く応じてくださった相手へのお礼を実践してみましょう。

task25　お礼に際し、どのような方法を用い、どのような内容を盛り込むべきか考えてみましょう。

方法

内容

章末資料
依頼状&お礼状のサンプル

　　ここでは、'アポ取り'の際に必要となる「依頼状」と、インタビューを実施し、記事を書き上げた際に送る「お礼状」のサンプルを紹介します。

依頼状の例文

拝啓

　突然お手紙を差し上げます失礼をお許しください。私は、○○大学○○学部1年（名前）○○○○と申します。

　この度、ご迷惑とは承知しながらご連絡をさせていただいたのは、以下の理由によります。

　私の在籍する○○大学○○学部では、ある授業の中に「インタビュー実践」という活動がございます。これは、学生が社会人の方にお話を伺い、その内容をインタビュー記事にまとめるという活動を通して、私たち学生の、仕事に対する興味や意識を向上させることを目的とするものです。私は、このインタビューでお話を伺いたいお相手として、是非、○○様に協力していただきたく、お手紙を差し上げた次第です。

〈①なぜその人にインタビューをしたいと思ったのか、理由を書く。〉
〈②どんなことを聴くつもりか、いくつか質問項目を紹介する。〉
〈③インタビューの内容が、どのように利用されるのか、説明する。〉

　ご多忙のところ誠に恐縮ですが、お時間を一時間ほどいただき、お話しをお聞かせくだされば幸いに存じます。勝手なお願いで大変申し訳ございません。後日、お電話をさせていただきたく存じます。何卒、よろしくお願い申し上げます。

敬具

平成○年○月○日

（自分の名前）○○○○

（相手の名前）○○○○様

・・・長くなりすぎないように簡潔に。

・・・自筆で。

・・・自分の名前よりもやや大きく。

お礼状の例文

拝啓　〈時候のあいさつ　(例) 初夏も過ぎ、すっかり夏めいてまいりましたが、お元気でお過ごしのこととと存じます。〉

先日は、ご多忙にもかかわらず、インタビューにご協力くださり、誠にありがとうございました。貴重なお時間を割いていただき、また、大変有意義なお話をお聞かせくださいましたこと、心より感謝いたしております。

〈インタビューを通して得られたこと、感想などを簡潔に書く。〉

お話いただいた内容をもとに、私なりに記事を作成いたしました。同封いたしますので、ご一読いただければ幸いです。

また、何かの機会にお会いすることもあるかと存じます。今後とも、どうぞよろしくお願いいたします。折柄、くれぐれもご自愛ください。取り急ぎ、御礼まで。

敬具

平成〇年〇月〇日
（自分の名前）〇〇〇〇
（相手の名前）〇〇〇〇様

・季節に合わせる。インタビューをした日から今までの気候の変化に触れるとよい。
・自筆で。
・自分の名前よりもやや大きく。

第2章 レポート力を鍛える
レポート・マニュアル

はじめに

　レポートの書き方といっても、科目や先生によって、かなり違ったものになるはずです。しかし、どのようなレポートを書く場合であっても、大学生であれば必ずわきまえておくべき心構えがあります。**レポートは「読んでもらう」ものであることを意識する**ということです。

　このテキストでは、すでに『インタビュー実践！』で、他者から話を「聴かせていただく」訓練をしました。また、次章『プレゼンテーション・マニュアル』で、他者に対して自分の話を「聴いていただく」訓練をします。本章『レポート・マニュアル』でも、基本的な姿勢は同じです。つまり、**レポートは、自分が考えたことや調べたことを、読み手に「わかってもらう」ために書くもの**なのです。インターネット上の多くのブログやツイッターのような、感想や独り言の羅列ではいけません。

　そのために必要なことを、3つのポイントにしぼって挙げてみましょう。そして、実際にそれらがどのように実現されているかを、例文の中で確認してみましょう。

Step1　はじめにレポートのプラン（設計図）をはっきり示しましょう。

　レポートは「序論」「本論」「結論」で構成します。「序論」にあたる部分で、後続の「本論」において何について述べるのかを、簡潔に予告し、レポートの目的をはっきりさせましょう。そうすることによって読者は、これから読むレポートでは何について考えるのか、という**問題意識を共有する**ことができるようになります。読者をあなたのレポートの中で迷わせないように心がけてください。

Step2 文章のマナーを守りましょう

　他人に読んでもらうからには、「読んでわかりやすい」文章を書きましょう。そのためには、文章を書く際のマナーを守るようにしましょう。たとえば、
□誤字や脱字、漢字の変換ミスがないか、何度も確認しましょう。
　パソコンを使用する際は、簡単に漢字に変換されてしまいます。「考えたこと（×事）」「お忙しいところ（×所）」の「こと」「ところ」のような形式名詞はひらがなで書くことが一般的とされているので、注意が必要です。
□読者が読解に苦労することのないよう、各文をなるべく短くしましょう。
□一つの段落（冒頭の一字分を下げて始める文章の一グループ）には、**一つの内容がおさまるようにしましょう。**一つの段落にいくつも言いたいことが入ると、まとまりに欠け、読者を混乱させてしまいます。
□適切な接続詞の使い方をしましょう。「したがって」（順接）、「しかし」（逆説）、「また」（並列）などの接続詞は、効果的に使うことができれば、読者に話の流れを明示するのに役立ちます。

Step3 調べたことと自分の意見とを、はっきり区別しましょう。

　あなたの書いていることが、あなた自身の考えなのか、それとも、本であれネット情報であれ、あなた以外の人が書いたことをもとにしているのか、はっきりと区別する習慣を身につけましょう。ある人が調べたり、考えたりしたことは、その人の知的な財産です。それを、無断で自分のものであるかのように使うことは、泥棒やカンニングと同じです。
　それを避けるためには、**出典を明確にする**ことが大事です。どの文献（書籍や雑誌）、どのURLを参考にしたか、あるいは引用したか、書誌情報をしっかり示すようにしましょう。

ネット情報を利用する場合の注意点

　最近とくに目につくのが、インターネット上のウィキペディアや個人のブログを調べてレポートを書く人が多いことです。しかし、このような記事の中には、信頼するに値しないものも数多く存在します。それは、記事が誰によって書かれたのか不明であり、また執筆者が明らかでないために書かれた内容についての責任を誰もとらないからです。

　それに対して、大学生のレポートや論文で求められるのは、**正確さと信頼性**です。何より、自らの責任を明確にしておく必要があります。どこまでを自分で調べ、さらにどこからは自分が考えて書いたものなのか、ということが不明瞭なレポートは、そもそもレポートと呼べません。ただの「コピー」です。

　インターネット上の記事の信頼性を見抜くためのポイントとして、以下の3つを挙げることができます。この内の一つでも欠けている記事は信頼性が低いと考えてください。

☐ **著者が明確である（ペンネームや匿名ではない）。**
☐ **書いた内容について、参考文献（出典）が明示してある。**
☐ **記事が学術機関、公的機関のサイト内に存在する。**

　こうした条件を満たしている記事であっても、その記事を引用したいと思ったときには、まず自分でそこに引かれている参考文献に直接目を通しましょう。

Step4　何を、どう書くか？

　では、レポートの実例を読みながら、具体的にどのように書いたらよいのかを見ていくことにしましょう。

　まず大事なのは、何について書くか、ということです。

　もちろん、レポートには、あらかじめはっきりとしたテーマが与えられている場合があります。そういう場合であっても、いきなりパソコンに向かって書き始めることはできません。テーマについての事前調査が不可欠です。

　また、課題としては大枠のみが与えられ、明確なテーマは自分で設定する必要のある場合は、テーマ選びがレポートの良し悪しを大きく左右します。

　ここでは、1年次に、「マーケティング入門」という必修科目があると想定してみましょう。そして、この授業で学んだマーケティング戦略の理論が実際に適用されている例を1つ選び、それについて4000字のレポートが課されたとしましょう。まずどのような準備が必要となるでしょうか。

レポートの準備

　レポートを書く際、インターネットだけに頼るのは避けましょう。

　グーグルなどの検索エンジンを使用した場合、検索上位に現れるのは閲覧された回数の多いサイトです。このようにして提供された情報はきわめて偏ったものであり、あなたの関心とは関係のないことがほとんどです。さらに、これらのサイトを参照して書かれたレポートはどれも似たり寄ったりの、個性のないものになってしまいます。

　まず、あなた自身が図書館に行き、教員から紹介された本や関連していそうな本を探し出し、何冊かに目を通すことから始めてみましょう。例えば、新書は入門書として書かれていることが多いため、手始めに読んでみるのもよいでしょう。

　もっとも、全てを読む必要はないのです。目次や、参考文献を眺めて、自分の関心のある部分から読み始め、キーワードとなる語や本をメモしていってください。自分で本を選び出し、あなたの目に飛び込んでくるキーワードをメモする、というプロセスこそがレポート作成においては重要なのです。

　このようにして、いくつかのテーマが思い浮かんだら、「自分自身が読んでみたいレポートは、どのテーマについて書かれたものか」を基準として選んでみましょう。

　次ページに示す実例の筆者は、図書館の「マーケティング」に関する図書が集まっている書棚や新書コーナーで関連書をめくってみた結果、「100円ショップの品揃えはどのように決められるのか」や、「コンビニ出店の際の好立地条件とは何か」など、複数のテーマを思いつきました。

　その中から、「ポイントカードは、どのようなマーケティング戦略に基づいているのか」というテーマが、最も興味深く思われたので、それについてレポートを書いてみることにしたわけです。次ページ以下がその例です。

実例

ポイントカード
―マーケティング戦略の一例―

経営学部1年　学籍番号○○××　亜細亜花子

はじめに

　消費者としての自分が、企業のマーケティング戦略の対象になっていることを確認できるのは、どのような場面だろうか。そう思いながら財布の中をのぞいてみたところ、紙幣よりもずっと多くの枚数を持っているものがあることに気づいた。いわゆるポイントカードである。じっさい、コンビニエンス・ストアやスーパーマーケット、ファミリー・レストランやカフェなど、私たちが日常的に利用する店舗では、会計の際にほぼ必ずポイントカードの有無を尋ねられる。「いらっしゃいませ」や「ありがとうございました」とともに、「××カードはお持ちでしょうか」は、レジの店員の決まり文句だ。日本人のポイントカードの平均所持数は9.9枚だという[1]。大学生である論者の財布には8枚のポイントカードが入っていた。

　これらのカードを入手したときのことを思い出してみると、「手続きは簡単です」、「貯まったポイントを利用すれば割引されます」と言われ、なんとなくカード会員になってしまった。そして、「お持ちですか」と問われる頻度が増すたびに、これなら確かにカードを所有し、ポイントを貯めた方が「お得だろうな」と考えてしまう。しかしながら、支払いと引き換えにポイントを得ることは、我々消費者にとって本当に得なのだろうか。また、企業はどのようなマーケティング戦略に基づいて、このシステムを運用しているのだろうか。

　本稿では、ポイントカードが企業のどのようなマーケティング戦略に基づいて発行されているのかを概観する。そして消費者、企業の双方にとってポイントカードがリスクとなる場面を紹介し

タイトルはなるべく簡潔でかつ、読者が読んでみたい、と思うようなものが理想です。「―」（ダッシュ）で挟まれる副題をつけると効果的な場合があります。

絶対必要というわけではありませんが、このような見出しがあることで、読者は筆者の考えについていきやすくなります。

自分の意見ではないときには、そのことがはっきりとわかる表現を用いましょう！

レポートで自分のことをどう呼ぶかについては、教員の指示に従いましょう。「論者」、「筆者」、場合によっては「私」も可です。

*読者に問題提起し、一緒に考えてもらうための有効な手段の1つが「問いかけ」です。
また、この例のように、一つの疑問が、より具体的ないくつかの疑問に分けられないかを考えてみましょう。内容を深めることができます。*

ここに、レポートのプラン（設計図）を示します。このような一文があると、その後の本論がずいぶんと読みやすくなります。

「本論」も可。ただし、統一しましょう。

た上で、ポイントカードという身近なマーケティング戦略についての考察をしてみたい。

1.ポイントカードのメリット

ポイントカードは、企業にとってどのような利益があるのだろうか。

ポイント・システムの最大の狙い、それは顧客の「囲い込み」にある。ポイント付与があるために消費者は同じ企業、あるいは提携企業の店舗で買い物をし、ポイントをさらに貯めたり、あるいはポイントを使って商品を購入したりしようとする。言い換えれば、ポイント・システムが、「スイッチング障壁」として機能することになる。これは、ポイント・システムが「**特定の企業の製品・サービスを繰り返し購買しようとするインセンティブとなる**」ため、他社の製品やサービスにスイッチしてしまう消費者を繋ぎとめる役割を果たすのだ。

さらに、ポイント・システムを導入することによる企業のメリットは、これだけにとどまらない。

まず、消費者はポイントをかならずしも使い切るわけではない。例えば、500円分のポイントが貯まったとしても、我々がこれを実際に利用しなければ、企業の負担は0円である。ここに、ポイント・システムと現金による値引きとの根本的違いがある。そして、ポイントの発行残高が多くなり、カードの会員数が多くなればなるほど、企業の「**手持ち資金の負担軽減効果**」が上がることになる。

さらに、仮に消費者が完全にポイントを利用したとしても、企業にはそれを補って余りあるメリットがあるのだ。それが、ポイントカードから得られる顧客情報である。

ポイントカードによって企業が入手する情報は、まず、カード入会時に登録される顧客の性別、年齢、職業、住所などである。そして、買い物がなされるたびに、カードの持ち主が、「いつ、ど

こで、何を買ったか」の追加情報が、上積みされていく。つまり、消費者にはポイントが貯まる一方で、企業には消費者の個人情報が貯まっていくことになる。こうして蓄積された情報を分析することによって、企業は効果的な自社マーケティングを行うことができる。このように、「顧客データベースを構築し、その分析を通じて顧客関係のマネジメントを高度化していこうとするアイデア」を、CRM（Customer Relationship Management：顧客関係管理）という。[4]企業は、このCRMによって得た分析結果をもとに、消費者にピンポイントでアプローチすることができるようになるのである。**たとえば、**メールマガジンで消費者に宛て、「同年代の方の間ではこのような品物が流行しています」と送れば、消費者は「欲しいものを教えてくれる店」と感じるだろう。購入履歴をもとに、消費者の志向に合った品揃えをすれば、顧客は「欲しいものを取り揃えている店」と好意的に認識することだろう。

　こう見てくるとお互いにとってメリットがあるように思われるポイントカードだが、このシステムに欠点はないのだろうか。そもそも我々の個人情報とポイントは天秤にかけられるものなのだろうか。**次章では、**ポイントカード・システムがはらむ危険について考察してみよう。

2.ポイントカードの危険性

　まず、ポイントカードの落とし穴ともいうべき危険を挙げておく必要がある。それはポイントの**価値変動の可能性**だ。ポイントカードという擬似貨幣の価値は、本物の貨幣と異なり、法律が保証するものではない。企業側が一方的に変えることもできるのだ。**代表的な例が、**[5]家電量販店ビックカメラが自社のポイントサービスであるビックポイントについて行った交換価値の切り下げである。ビックポイントは、2006年3月からJR東日本のSuicaのポイントに交換できるようになった。ところが、サービスの開始当初、1000ポイントをSuica1000円分に交換

可能であったビックポイントが、2009年9月からは、1500ポイントでSuica1000円分に相当するように変更されたのである。つまり、Suicaにポイントを交換する際の価値が3分の2に下落してしまったのだ。事前の予告がなされたとはいえ、利用者からは不満の声が上がったが、このような措置が講じられる可能性については利用規約に明記されており、法律的には問題がないのである。

さらに考えてみたいのが、本来お金には換えられない価値があるはずの我々の個人情報についてである。ポイントと引き換えに企業に託された個人情報は、どんなに厳重な管理システム下に置かれたとしても、流出の危険から逃れられない。2007年に食品スーパー、松阪屋ストアとパレのポイントカード会員個人情報30901件が流出した事件を一例として[6]、企業に託された個人情報の流出事件が毎年のように報じられている。

近年の大きな潮流として、異業種間で横断的に利用できる共通ポイントカードの展開がある。代表的な例がTポイントカードだ。コンビニ、ファミレス、カラオケ、ガソリンスタンド等の業界で、日本を代表する企業が提携し、貯まったポイントは提携企業であれば同様の価値をもつ。利用者にとっては、カードの使用範囲が格段に広くなったことで、利便性が飛躍的に向上した。この仕組みによって、日本人の総人口の実に3人に1人がカード会員になっているという（2012年5月現在）[7]。だがこのことは、ひとりの人間についての多種多様な情報が、たった1枚のカードに集約されていることを意味する。我々は便利でお得なカードと引き換えに、趣味、嗜好、ひいては思想あるいは信念に関連するような情報までも、カードを発行する企業に、文字どおり「売り渡し」しているのではないだろうか。

このように、ポイントカードの利便性の裏には、見逃すことのできない危険が隠れている。社会的に認知度の高い企業であっても、その情報保持が絶対ということはないのだ。また、企業が

> 現実の事例から自分が考えたことを示したい場合「…について考えてみたい」「考えてみたいのは…である」などの表現で、「自分の考え」であることを強調し、引用とは区別しましょう。こうした表現があると、読者は論についていきやすくもなります。

> 読者に注意をうながしたい表現を「」や" "で括（くく）ることも効果的ですが、濫用すると効果がなくなります。

> 自分が考えたことで、読者にも考えることを促したい場合に、「…ではないだろうか」の表現を用います。あくまで「見せかけの問いかけ」で、断言と変わりません。

たえず消費者の利益を第一に活動していると考えるほど、我々は人間の性善説に傾いてもなるまい。

結論

　以上、近年急速に広まったポイントカード・システムのマーケティング戦略について概観し、企業、消費者双方にとってのメリットとデメリットを見てきた。企業にとっては顧客を囲い込むための強力なツールとなり、また消費者も割引サービスを受けられたり、自分の好みにあった品揃えや的を射た商品提案をしてもらえたりするなど、メリットが多く存在する。マーケティング戦略としても画期的なものだろう。だがそれが個人情報、すなわち我々のプライバシーと引き換えであることを知るなら、消費者は十分に注意する必要がある。場合によっては、私生活を未知の他人に譲り渡すことになるのだ。情報化社会となった現代において、そのことを知らずに使用するのはあまりに危険が多い。犯罪に巻き込まれてしまってからでは遅いのだし、企業に我々の私生活を把握されることで、知らず知らずのうちに我々の嗜好や考えまでもコントロールされてしまう危険性もあるのだから。

> 結論では、これまでの内容を概観、要約し、それに対する自分の考えを加えます。無駄に長々と書く必要はありません（重要なのはそれまでの論の流れです）。ただし、あなたがレポートを書くために調査し、考えた中で、今回は十分に書くことができなかったことなどを述べて、今後の展望について一言加えることができればより視野の広いレポートになるでしょう。

1　株式会社矢野経済研究所「ポイントサービス市場に関する調査結果2011 －年々強まるポイントサービスの消費行動に与える影響力－」www.yano.co.jp/press/pdf/817.pdf（2014年7月29日参照）
2　石井淳蔵ほか『ゼミナール　マーケティング入門　第2版』日本経済新聞出版社、2013年、404頁。
3　ポイントは、利用者によって使用されてはじめて、店側にとって費用として負担する対象となる。また、最後まで使用されずに終わったポイントがあれば、店側としてはポイントを付与しなかったのと同じことになる。このような事象が、「手持ち資金の負担軽減効果」である。佐藤亜紀『電子マネー革命―キャッシュレス社会の現実と希望』講談社現代新書、2010年、109-110頁を参照。
4　石井淳蔵ほか前掲書、396頁。
5　佐藤亜紀前掲書、69頁～84頁。
6　東芝テック株式会社「お詫びとお知らせ」（2007年6月28日）http://www.toshibatec.co.jp/tecfiles/pdf/information/070625.pdf（2012年7月10日参照）

7　T-POINT NEWS RELEASE「1年以内に利用され、カードの重複を除いた会員数は日本人の約3人に1人！T会員数が4,000万人を突破しました―4,000万人が利用する日本最大の共通ポイントサービスに成長―」(2012年5月23日) http://www.ccc.co.jp/news/pdf/20120523_tpoint_40million.pdf (2012年7月10日参照)

参考文献

> 参考文献では、レポート内で実際に使用した文献を挙げます。

- 伊藤亜紀『電子マネー革命―キャッシュレス社会の現実と希望』講談社現代新書、2010年。
- 岩田昭男『図解　電子マネー業界ハンドブック　Ver.1』東洋経済新報社、2008年。
- 野村総合研究情報・通信コンサルティング一部企業通貨プロジェクトチーム『2010年の企業通貨―グーグルゾン時代のポイントエコノミー』東洋経済新報社、2006年。
- ポイント探検倶楽部編『簡単ポイント＆カード生活―年間5万円トクをする！』自由国民社出版、2009年。
- 『日本経済新聞』地方経済面中国「カード会員情報分析ソフトジュンテンドウが導入」2012年4月14日。
- 株式会社矢野経済研究所「ポイントサービス市場に関する調査結果 2011―年々強まるポイントサービスの消費行動に与える影響力―」www.yano.co.jp/press/pdf/817.pdf (2014年7月29日参照)。
- 剣持真 (みずほ情報総研 コンサルティング部 マネジャー)「―顧客固定化、狙う購買情報―ポイントカード続々導入の秘密」フジサンケイビジネスアイ「シンクタンクi」(2008年2月7日)。http://www.mizuho-ir.co.jp/publication/contribution/2008/thinktanki080207.html (2014年9月7日参照)。
- 東芝テック株式会社「お詫びとお知らせ」(2007年6月28日) http://www.toshibatec.co.jp/tecfiles/pdf/information/070625.pdf (2012年7月10日参照)。
- T-POINT NEWS RELEASE「1年以内に利用され、カードの重複を除いた会員数は日本人の約3人に1人！T会員数が4,000万人を突破しました―4,000万人が利用する日本最大の共通ポイントサービスに成長―」(2012年5月23日) http://www.ccc.co.jp/news/pdf/20120523_tpoint_40million.pdf (2012年7月10日参照)。

　以上が実際に在籍した学生が提出した文章（亜細亜大学「文章表現」で課されたレポート）を、教員が作りなおしたものです。
　これが模範というわけではありませんが、レポートとしての体裁は整っており、大学1年生のレポートとしては合格ラインには到達しています。まずは、この例となっているレポートの日本語表現、構成、注の付け方や参考文献の様式を文字通り「真似」をしてみることから、レポート作成を始めましょう。

おわりに

　レポートを作成する際のコツは、パソコンの画面で完結してしまうことではなく、「身体を動かす」ことです。ネットで調べ、幾つかのサイトから文章をコピーし、切り貼りして作られた文章は「レポート」とは呼びません。あなた自身が図書館に「行き」、本を「探し」、その本を「読む」。そして面白いと思った箇所を「メモし」、そのメモを机に「広げ」、「眺め」、「並び替える」。それからプランを作成して、レポートの作成にかかるのが正しい順序です。このように、あなたの身体を介して様々な情報が編集されていくことこそが「考える」ことであり、あなたの「考え」として身についていくのだということをよく理解してください。そしてこの作業は、繰り返すほどに上手に、またスピードも速くなっていきます。大学の4年間でこの「考える」能力を身につけることができれば、社会に出た後にも強力な武器となります。ぜひたくさんのレポート課題をこなすことで、「考える」というスキルを自分のものにしていってください。

参考図書

有地智枝子『ポケット解説　論文・小論文の文章作法がわかる本』秀和システム、2006年。
泉忠司『90分でコツがわかる!「論文&レポート」の書き方』青春出版社、2009年。
井下千以子『思考を鍛えるレポート・論文作成法[第2版]』慶應義塾大学出版会、2014年。
小笠原喜康『新版　大学生のためのレポート・論文術』講談社(講談社現代新書)、2009年。
河田聡『論文・プレゼンの科学―読ませる論文・卒論、聴かせるプレゼン、伝わる英語の公式―』アドスリー、2010年。
菊田千春、北林利治『大学生のための論理的に書き、プレゼンする技術』東洋経済新報社、2006年。
佐藤智明、矢島彰、安保克也『新編　大学　学びのことはじめ　初年次セミナーワークブック』ナカニシヤ出版、2011年。
佐藤望編『アカデミック・スキルズ:大学生のための知的技法入門、第2版』慶應義塾大学出版、2012年。
高崎みどり編著『大学生のための「論文」執筆の手引き　卒論・レポート・演習発表の乗り切り方』秀和システム、2010年。
滝川好夫『アピールできる　レポート／論文はこう書く！―レポートから学術論文まで―』税務経理協会、2004年。
戸田山和久『新版　論文の教室　レポートから卒論まで』NHK出版(NHKブックス1194)、2012年。
松本茂、河野哲也『大学生のための「読む・書く・プレゼン・ディベート」の方法』玉川大学出版部、2007年。
宮野公樹『研究発表のためのスライドデザイン:「わかりやすいスライド」作りのルール』講談社〈講談社ブルーバックス〉、2013年。
森靖雄『新版　大学生の学習テクニック』大月書店、2007年。

第3章 プレゼン力を養う
プレゼン・マニュアル

アクティブ・ラーニング

はじめに

「インタビュー実践！」では、他者の話を正確に受けとめ、それを的確な記事にまとめる作法を学びました。次に習得するのは、あるテーマ（伝えるべきこと・伝えたいこと）について調査し、考えをまとめ、資料を用いつつ聴き手に向けて発信するための作法、つまりプレゼンの作法です。

「プレゼン」とはプレゼンテーション（presentation：口頭発表）の略です。ここでは、大学の授業（あるいはそれに準じる場面）で行なうプレゼンを学びます。発表時間は10分とし、そのあと5分程度の質問の時間が設けられるものとします。

また、4〜5人のグループによるプレゼンを前提にします。実際に発表するのは1人（あるいは複数）だとしても、準備段階での調査、討議、資料作成は全員で行います。また、プレゼン本番における資料配布やパソコン操作の担当も、プレゼン成功のためには重要な役割です。

プレゼンの心得

具体的な作法を学ぶ前に、以下3つのことをわきまえておきましょう。

1）プレゼンでは、裏づけのない情報の利用は厳禁です。参考文献や実地調査、アンケートなどの調査に基づいた発表をしてください。

2）しかし、調べたことをそのまま発表するだけではプレゼンになりません。聴き手とってわかりやすい発表をしてください。そのためには、調査したことをよく整理するとともに、理解しやすいスライドを作成するほか、聞き取りやすい話し方を工夫する必要があります。

3）調査内容がすばらしく、しかもわかりやすい発表ができたとしても、その出典（文献・Webページなどの情報の出所）が正確に示されていなければすべてが台無しです。書誌情報やインターネットのURLを必ず明示しましょう。**これらの出典を示さずに本・雑誌・ネットの情報を利用することは不法行為と考えてください。場合によっては処罰の対象になります。**このことはレポートや論文の作成についても言えることです。

Step1 プレゼンの準備（1）
考えを出し合ってプランを立てる

　以下に学んでいくように、プレゼンでは文字どおり「示し方」が重要なポイントになりますが、その前に考えなくてはならないのは「示すに値する内容」を用意することです。まず、自分たちのテーマについてどんなことを発表したいか、発表できそうか、思いついたことをグループで話し合いましょう。

　その際、話し合うだけではなく思いついたことをどんどんメモしていきましょう。メモは、すべての項目を1枚の紙に書いてしまうのでなく、小さめのメモ用紙や大きめの付箋を使い、1枚に1つの思いつきを書き出してみましょう。

　次に、それらを並べかえたり、つながりが強いと思われるもの同士をまとめたり、また不要と判断したものを捨てたりすることによってプランを作りましょう。これがプレゼンの「設計図」になります。

Step2 プレゼンの準備（2）
調査をする

　用意したプランに沿って調査をしましょう。

　文献（本／雑誌）やインターネット上の情報*のほか、テーマによっては実地調査や関係者へのアンケート**も必要です。

* ネットの情報には信頼できないものが多くふくまれています。信頼の置けない情報を利用しても、皆さんのプレゼンやレポート・論文の価値を下げるだけです。出典（文献・Webページなどの情報の出所）のあやふやな情報は絶対に利用しないでください。大半のブログやコメントには出典が明示されておらず、プレゼンや論文で引用することはできません。

** アンケートで何を質問するかについては、グループで事前によく練っておく必要があります。さらに、何に使うためのアンケートであるかを相手にはっきり伝えるようにしてください。また、写真をとる場合はかならず許可を取ってください。

Step3 プレゼンの準備（3）
スライドを作成する

　発表の際に利用したいのがプレゼンテーション・ソフト*です。発表の重要なポイント、表や写真・絵を具体的に見せることができます。

　　*　Microsoft Office のパワーポイント Power Point（有料）の他にフリーソフト（無料でダウンロードできる）も複数あります。無料ソフトを利用するのは構いませんが、本番でパワーポイントを使う場合は、両者の互換性に十分に注意し、事前に確認するようにしてください。

　スライド作成においては以下の点に注意しましょう。

　1）1枚のスライドに情報を詰め込みすぎないようにしましょう。スライドを目で追いながら発表を聴くのは想像以上に難しいことです。

　2）スライドの枚数についても同様です。めまぐるしくスライドが替わるのは、聴き手にとって迷惑です。

　3）字体や文字の大きさ・色についても配慮しましょう。ただし、特殊な字体を使うことや色に変化をつけるのは、それが必要と判断したときに限りましょう。

　4）プレゼンテーション・ソフトにはアニメーション機能をはじめとして多様な機能があります。慣れていくに従いそれらを利用できるようになれば、より効果的なプレゼンができるようになるでしょう。

〈スライドの例〉

　ではここで、プレゼンならびにスライドの好例として、2013年12月に亜細亜大学経営学部で行なわれた「2013経営学部プレゼンバトル」において最優秀賞を受賞したプレゼン*を紹介してみます。

　　*　このプレゼン大会には、経営学部1年生必修の少人数ゼミナールから有志（原則3〜5人のグループ）が参加し、プレゼン10分＋質疑応答5分で実施されました。書類審査による第1次選考の後、予選を経て本選には6チームが進み、外部審査員の審査を得て表彰を行いました。詳しくは http://www.asia-u.ac.jp/academics/business/business/seminar/active_learning/ をご覧ください。

このプレゼンのテーマは**「図書館の電子化について」**です。

ふだん自分たちが大学図書館に対して抱いている「使いにくさ」をきっかけとし、この使いにくさをなくすために図書館を「電子化」してみてはどうか、というひらめきからプレゼンはスタートします。図書館の電子化について調べていくなかで、図書館とはそもそもどういう施設か、電子化の利点・欠点は何なのかについて考え、最終的に「図書館を完全に電子化することはできない」という結論にたどり着きました。その上で、最初のきっかけであった「使いにくさ」に再び戻り、「自分たちにとっての理想の図書館とは」を提案してプレゼンを終えました。

以下に挙げるスライドはその時に使われたものです。どのようにパワーポイントを用いているかを見てみましょう。

スライド1（表紙）

図書館の電子化について
2013年12月23日
トリガーwith愉快な仲間たち
2556073　高橋A奈
2556089　田中B太
2556745　佐藤C郎
2550531　太田D子
2550701　藤井E代

→ タイトルは大きく

ここでグループ名を名乗り、テーマを提示します。

スライド2（2ページ）

目次
- 1 図書館の使いにくさ
    - 1.1 圧迫感
    - 1.2 電子化した図書館とは？
- 2. 電子化することによる利点・欠点
    - 2.1 利点：圧迫感の解消
    - 2.2 欠点：図書館という「場」の消滅
- 3 図書館の役割
    - 3.1 図書館の定義
    - 3.2 図書館でいう「場」とは？

→ 聴き手が一目で見て取れるように！

目次の項目もなるべく少なくシンプルに。

スライド3（3ページ）

1. 図書館の使いにくさ

- 他の利用者に見られている圧迫感
　　　　　　　　→場所的・心理的
- ボロボロの本を借りなくてはならない
- 返却が面倒くさい
- 座る場所がない
- 読みたい本が調べづらい

ここで今回のプレゼンをすることになったきっかけを明らかにします。
幾つかのきっかけがある場合は、箇条書きにして提示するとよいでしょう。
またアニメーション機能を使い、発表者の言葉に合わせてそれぞれの項目を一つずつ出していくのも効果的です。

→ 色々なアニメーションを試してみよう！

(4 ページ)
ここで問題提起をします。

①の文字は、アニメーション機能で発表者の言葉に合わせて浮き上がらせます。強調したい言葉なので、字は大きく、色は赤色です。

> 私たちは考えました
> ① 図書館を電子化すればよいのでは？

強調したい内容は色文字で大きく！

(5 ページ)
自分たちの提案を検証するため、まず利点を挙げます。

この時も聴き手が見やすいように、<u>短い言葉</u>で<u>箇条書き</u>にします。

> 2．電子化することによる利点
> ・図書館に行かなくてよい
> ・本が劣化しない
> ・好きな場所で読める
> ・かさばらない
> ・返却期限を気にしなくてよい
> ・著作権のない古典資料を電子化する
> 　→貴重な文化資料の保存

長い文章は読みにくい！

(6 ページ)
5 ページで挙げた「利点」を備えた施設、ニューヨーク公共図書館を実例として挙げます。
写真や、インターネットサイトのイメージなどがあると、聴き手は話の内容を具体的に想像しやすくなります。

> ニューヨーク公共図書館
> ・本のデジタル情報をウェブで提供
> ・タイトルやキーワードで検索可能
> ・来館せずに利用可能
> http://www.nypl.org/

写真を効果的に使おう！

(7 ページ)
自分たちの提案の欠点も挙げます。
一つの提案をする際には必ず利点・欠点の両方を挙げましょう。

ここではたくさん挙がった欠点を大きく二つの欠点にまとめています。
箇条書き項目があまりに多くなった場合には、それを大きく分類するなどして提示しましょう。

> 2．電子化することによる欠点
> ・図書館という「場」の消滅
> ・本という「モノ」の消滅

スライド上の文字情報はなるべく少なく！

(8ページ)
前のスライドで挙がった欠点の一つ目、「場」の消滅について、具体的に説明します。図書館は交流拠点やサービスの場としても役立っていることを述べています。
要点をやはり箇条書きで示し、実例となる写真を提示します。ここでの実例は武蔵境駅前にある「武蔵野プレイス」（右側二つの写真）です。

> 実例を挙げよう！

(9ページ)
そもそも「図書館」とはどういう施設なのか？図書館法を引用しています。

何かを問題とする時に、<u>言葉の定義を明確にしておくこと</u>は、とても重要です。一つの言葉を巡って話し手と聴き手が違う内容をイメージしていては、聴き手はいつまでたっても理解しづらいという事態が起こります。

(10ページ)
一つ前のスライドで提示した定義をもとに、図書館の役割について説明します。アニメーション機能を用い、それぞれ言葉に合わせて、①→(a)、②→(b)、③→(c) の順番で一つずつ提示されます。

> アニメーションで言葉と文字が連動すると、話についていきやすい！

(11ページ)
図書館は単に本を置いておくだけの場ではなく、もっと色々な機能を担った場なのだ、と主張します。
プレゼンの中でも特に強調したい点は、それだけで一枚のスライドを用います。字は大きく、赤字にし、さらにアニメーション機能で白紙の状態から文字を浮かび上がらせるとインパクトが強まります。

> 強調したい時は思い切って情報量を絞る！

スライド（12ページ目）

本という「モノ」の消滅

① かさばらない

(a)
→ モノとして保存ができない
→ 情報統制がしやすい
→ 紙や活字の独特の雰囲気が無くなる

常に電子媒体を更新しなければならない

（12ページ）
7ページ目のスライドで挙がったもう一つの欠点、「モノ」の消滅についてです。ここでもアニメーション機能を用い、①→（a）、②の順番で文字が提示されます。

話す内容がこのように簡潔にまとめられて提示されると、聴き手は格段に理解しやすくなります。

スライド（13ページ目）

▶教育機関が電子書籍を購入すると割高になる

▶（亜細亜大学図書館　藤懸さん談）

（13ページ）
前のスライドの②に関して、実際に図書館の方にインタビューした内容が示されます。

本で得た知識も重要ですが、専門家へのインタビューも重要です。プレゼンに説得力が増します。「インタビュー実践！」で身に付けたノウハウを活用して、積極的にインタビューを行いましょう。

　　協力して下さった方のお名前を忘れずに！

スライド（14ページ目）

図書館の電子化

完全な電子化は不可能

（14ページ）
この発表の一つの結論となる「図書館の完全な電子化は不可能」です。
「図書館の電子化」の文字は最初から提示されていますが、「完全な電子化は不可能」の文字は、発表者の言葉に合わせて、スライドに浮かび上がります（アニメーション機能を利用）。
このようにすることで、結論を聴き手に印象付けることができます。

　　インパクトの強いアニメーションでより印象的に！

スライド（15ページ目）

私たちが考える理想の図書館
⑤(亜細亜大学)

① 収蔵されている本は電子媒体でもモノとしても借りることができる
② 個人学習やグループ学習のできるスペースを分けて作る
③ 持込み可の飲食スペースを閲覧スペースとは区別しておく
④ 開放的な空間

（15ページ）
ここでプレゼンのきっかけとなった「図書館の使いにくさ」に再び戻って考えます。では自分たちにとっての「理想の図書館」とはどのようなものか？

①→④の順番で言葉に合わせてその条件が示された後、⑤の（亜細亜大学）の文字があらわれ、亜細亜大学図書館に対する提案となっています。

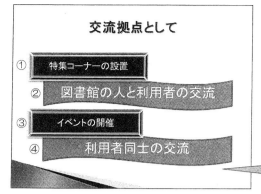

（16ページ）
さらに図書館の交流拠点としての機能も充実させるべきだ、という提案です。
①→②→③→④の順番でアニメーション機能を用いて提示されます。
文字を提示する枠のデザインや色を変えると、単調な印象を避けることができます。ただしあまりに色々なデザインが用いられていると、聴き手は目で追いにくくなります。

デザイン（字体や背景など）の変更はほどほどに。

（17ページ）
最後に参考文献を示します。
参考文献は必ず付けましょう。参考文献を記さずに引用するのは「盗作」と同じことです。
読み上げる必要はありませんが、聴き手がメモもできるように、質疑応答の間中は表示しておきましょう。

参考文献は絶対に必要！ 表記のしかたも覚えておこう！

〈文献・URL　表記の例〉

① **単行本（翻訳でない場合）**

　　著者名　□　『書名』　□　出版社名、刊行年。

例　　四方田犬彦　『映画史への招待』　岩波書店、1998年。

② **単行本（翻訳の場合）**

著者名　□　『書名』　□　訳者名、出版社名、刊行年。

例　　H. フォシヨン　『ラファエッロ　幸福の絵画』　原章二訳、平凡社〈平凡社ライブラリー〉、2001年。

③ **雑誌記事・雑誌論文**

著者名　□　「論文記事名」　□　『雑誌名』巻号数、刊行年、掲載ページ範囲。

例　　堀越宏一　「タピスリーを愛した人びと　中世フランス貴族の衣食住」『芸術新潮』2013年5月号、2013年、62-91ページ。

④ **ネット上の情報（以下の情報を可能な限り示してください。ただしネット情報の利用についてはあくまでも慎重に！）**

著者名　□　「記事の見出し」　□　アドレス（URL）、アクセスした年月日。

例　　岩谷昌樹　「スタジオジブリのクリエイティビティ・マネジメント」www.u-tokai.ac.jp/undergraduate/political_science.../16_iwatani.pdf、2013年10月8日アクセス。

プレゼンテーション資料で
グラフを用いる場合

数字などの情報はもちろん、活字や写真だけでは伝わりにくい内容も、グラフを活用すると、視覚的に分かりやすくなり、より効果的なプレゼンにすることができます。

グラフは、Excelなどの表計算ソフトで作成したものをスライドに貼り付けることによって組み込むことができます。ここでは、折れ線グラフと円グラフの2つを例にグラフを利用する際の注意点を確認してきましょう。

〈折れ線グラフ〉の例

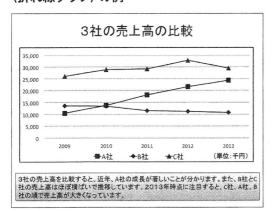

折れ線グラフは、**時系列の変化など**を表示するのに適したものです。例では、2009年から2013年までの3つの会社の売上高の推移を比較しています。このほかにも、1年間の降水量と気温の変化を示す雨温図などで折れ線グラフが用いられます。

折れ線グラフを用いる際には、**横軸と縦軸の単位を示すことが重要**となります。例では、縦軸の単位が千円であることから、縦軸は0円から3,500万円を示していることになります。

〈円グラフ〉の例

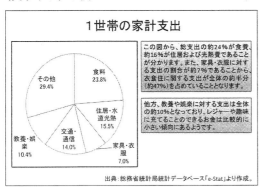

他方、円グラフは、**構成比などの割合**を示すのに適したものです。例では、2013年における1世帯当たりの月間消費支出の内訳を示しています。このほか、アンケート調査の結果を示す場合などにも円グラフが活用されています。

円グラフを利用する場合、**内訳の内容と構成比を明示しておくことが重要**となります。折れ線グラフの場合と同様に、グラフを示すだけでなく、その内容を分かりやすく記述しておくことが必要です。また、プレゼン資料の信頼性を高めるためにも、グラフで用いた情報の出典を明記しておくことが非常に重要となります。

このほかにも、棒グラフや面グラフなど、様々な種類のグラフがあります。内容に応じて適したグラフを選択し活用できるようになると、より魅力的なプレゼン資料となるでしょう。

Step4 プレゼンの準備（4）
原稿の執筆と予行演習をする

プレゼンの発表原稿を用意する場合、以下の点に留意しましょう。

1) 話し言葉と書き言葉は違います。「〜である」「〜だ」ではなく「〜です」の言い方を用いましょう。

2) 一つの文が長くならないようにしましょう。長い文や構造の複雑な文を聞いて理解するのは難しいことです。

3) 全体の字数にも配慮しましょう。予行演習の際に時間を計り、自分の話す速度を把握しておきましょう。

4) 発表原稿を用意した場合でも、本番では原稿を読むのはやめ、目を落とす程度にしましょう。あるいは、別にメモを作成し、それを手元に置くくらいにしましょう。

プレゼンは目の前にいる人に「伝える」行為です。原稿にかじりついていては、説得力が半減します。また、聴き手の反応を見ることで、説明をし直すなどの対処も可能になります。話しながら聴き手と視線を合わせられるようになったとき、プレゼンの説得力も増しているはずです。
そのためにも声に出して予行演習をくり返しましょう。そうすれば時間をオーバーすることも避けられます。プレゼンで時間をオーバーするのはマナー違反です。
また、グループで発表する場合には、役割分担に注意しましょう。誰がどのような順番で何分くらい話すのか、一人が話している時に他のメンバーは何をするのか、パワーポイントの操作は誰がするのかなど、具体的に本番を想像して細かく決めておきましょう。

Step5 プレゼン本番

プレゼンは話し方、身振りによっても受け取られ方が変わってきます。派手なパフォーマンスは不要ですが、以下の点には注意しましょう。

1) 顔を上げ、聴き手の一人一人と視線をあわせて！

　プレゼンとはまず聴き手に「伝える」行為です。ずっとうつむいていたり、スライドばかりを見て聴き手に背中を向けたり、そわそわと動き回ったりしては、聴き手には伝わりません。背筋を伸ばし、しっかりと顔を上げて、聴き手と視線を合わせながら話しましょう。

2) 声の大きさは自分が考えている2倍の大きさで！

　緊張していると、自分が思っているほど声は出ていないものです。思い切っていつもの2倍の声で話してみましょう。大きい声を出すと、話すスピードも速くなりすぎることはありません。

3) 過剰な身振りは逆効果！

　内容を強調したいとき、身振りが効果的となる場合もあります。しかし、過剰になると効果が薄れ、最悪の場合、聴き手をいら立たせてしまいます。身振りは最小限に抑えましょう。また髪の毛を触るなどのクセも聴き手の集中を妨げます。予行演習の際に仲間に指摘してもらいましょう。

4) パワーポイントのスライド操作はスムーズに！

　スライドをどのタイミングで進めるかは聴き手の内容理解に直結します。スライドの操作を間違えたりモタついていては、聴き手の集中を途切れさせます。しっかりと予行演習しておきましょう。

5) 服装はなるべくシンプルに！

　服装があまりに派手だと、聴き手には服装の記憶しか残りません。また人前で話すマナーとして、破れたジーンズやたくさんのアクセサリー、帽子なども身に付けません（もちろん、そうした服飾がプレゼン内容に直接関係する場合は別です）。できる限りマスクも外しましょう。

Step6 プレゼンを「聴き」、「質問する」

　素晴らしいプレゼンを創り上げるために必要なのは、十分な準備です。ですが、それだけでも十分ではありません。実は、素晴らしいプレゼンのためには素晴らしい「聴き手」も必要なのです。これはどういうことでしょうか？

　例えば、皆さんが頑張って準備したプレゼンを、聴き手が寝てしまって（あるいはおしゃべりをしていて）聴いていないとしたら、どんな気分になるでしょうか。また質問を投げかけても無反応だったらどうでしょうか。緊張もあいまって、どうしたらよいのか分からなくなってしまいますね。これではプレゼンどころではありません。

　逆に、聴き手が熱心に聴いているのを見れば、自然と発表者の言葉にも熱が入ります。また的確な質問は、発表者と聴き手双方の内容理解を深めますし、予想外の指摘や質問は、発表者や聴き手がプレゼンを出発点として考えを発展させるための貴重な手掛かりとなります。つまり、プレゼンとは双方向のコミュニケーションなのです。良い聴き手を得、良い指摘や質問を受けることで、プレゼンはそこに立ち会った人々すべてにとって何倍も意義深いものになります。

　これほど、聴き手の役割は大きいのですが、ただ漫然と聴いているだけでは、「良い聴き手」とはなれません。以下に、良い聴き手となるための留意点をいくつか挙げてみます。

1) タイトルから「想像する」

　プレゼンのタイトルやハンドアウトから、あらかじめ内容を「想像」します。具体的には、タイトルから連想されるキーワードを列挙してみましょう。それらが内容を理解する際の助けにもなります。実際にプレゼンを聴き、自分が想像していた内容との相違点が明確になると、それが質問をするきっかけともなります。

2) プレゼンのキーワードを書きとめる

　プレゼンの途中では、キーワードや重要だと思われることを箇条書きで書きとめていきましょう。必ずしも整った文章でなくてOKです。スライドに映し出される文字をすべて書き写す必要はありません。自分が重要だと思った単語、気づいたことをメモしていきましょう。矢印や省略記号などを利用するとメモする時間が短縮できます。

3) 結論は何か？を問いながら聴く

　提示される資料、データを用いて発表者が何を言いたいのかを常に問いながら聴きましょう。そして結論が、納得できる展開によって導き出されたものかを考えましょう。

4) 質問をする

プレゼン内容が十分に理解できなかったり、結論までの展開に疑問を感じたら積極的に質問をしましょう。コツは、なるべく発表者の立場に立って、答えやすいように具体的な質問をすることです。また、質問は本来プレゼン内容がより正確になるよう、またさらに発展するように行われるべきです。発表者を個人攻撃してはいけませんし、プレゼンと関係のない自分の知識をひけらかすのも、マナー違反で無意味です。

おわりに

プレゼンの最終的な目標は、「伝える」人間と「聴く」人間が、プレゼンをきっかけとして互いの考えを提示し合い、ひとりでは思いつかなかったアイデアを得たり、ひとりでは到達しえないほどに考えを深めることです。決して独りよがりに陥ることなく、常に開かれた心で言葉を交わすことが、思いもよらぬ豊かな実りをもたらすことを、プレゼンを通じてぜひとも体験してください。

参考図書

「第2章 レポート力を鍛える レポート・マニュアル」の参考図書を参照して下さい(本書58頁)。

巻末資料I 「インタビュー実践!」に必要な情報力

　Step2の内容からも明らかなように、「インタビュー」とは、単なるおしゃべりではありません。その準備段階では役立つ情報を集めて質問項目を整理し、実施段階においては有益な話を聴き出すための判断力と行動力を要します。つまり、高度なインテリジェンスが必要な行為なのです。
　どんな仕事でも、行き当たりばったりでは失敗する確率が高くなります。そこで、リスクを予見し、先手を打つことが重要です。先手を打つことがマネジメントと言ってもよいでしょう。先手を打つには、情報を収集し、その情報を読み解く作業が欠かせません。この「収集⇒読み解き」という作業の積み重ねが、情報力を向上させるのです。
　インタビューの実践が高度なインテリジェンスを必要とする以上、情報力は欠かせないスキルです。インタビューを有意義なものにし、最大限の成果が得られるよう、インタビュー実践に必要な情報力について考えてみることにします。

1. 相手について調べる情報力

1.1　インタビューの相手の基本情報を集める
　インタビューを申し込む、質問項目を吟味する、実際に相手と対話する、いずれの局面においても、相手に関する基本的な情報を知っておくことは不可欠です。相手について一般に公表されている情報があれば、それをおさえた上でインタビューを申し込み、当日の対話に臨むのが当然ですし、相手が本や論文を公表している人であれば、それらにざっと目を通した上でインタビューするのが常識と言えます。以下、一般的にどのような情報をおさえておくべきかについて見てみましょう。

どうやって？
　情報を調べる際にはインターネットを利用することが一般的になりましたが、インタビューの相手の情報を収集する際にも、まずはインターネット検索で当たりをつけるのが便利です。まずは、相手の名前を入力して、次の方法で検索します。（大学図書館のオンラインデータベースでも効率的に情報収集できます。詳しくは1.3節を参照。）

　　　ⅰ．Web検索　　ⅱ．新聞記事検索　　ⅲ．雑誌記事検索

何を？
　調べられる情報量はインタビューの相手によって異なりますが、最低限、以下の情報はおさえられるように努力しましょう。

①名前
　すでに検索を行っているのですから、当然名前はわかっているわけですが、自分の思い込みとは異なる漢字であったり読み方であったりする場合もあります。（ex.「島崎」ではなく「嶋崎」を使う／「しまざき」ではなく「しまさき」と読む etc.）相手に失礼にならないよう、正確な漢字と読み方を確認しておきましょう。

②経歴
　出身地、学歴、今の地位に至るプロセスなどを調べましょう。出身地は何らかの話のネタにな

るかもしれませんし、相手が大卒者であれば、大学選びや学部選びをどのように行ったのか、大学での専門を就職にどう結びつけたのかなど、現在の皆さんと直結した情報を引き出すことができます。

③所属先名（企業名、組織名、団体名、店名など）
　一般的には略名が使われている場合でも、インタビューの際に、また、記事作成の際に、私たちがそれを連呼するのは失礼に受け取られる場合もあります。情報収集の段階で、まずはしっかりとフルネーム（正式名称）を把握しておきましょう。

④仕事内容と役職
　「～課」「～担当」といった肩書を把握して、大まかな仕事内容を知っておきましょう。また、役職が高い人であればあるほど、その他の情報が得やすいものです。特に、相手が企業の経営者の場合、その企業のWebページに肩書き、名前、「ごあいさつ」等の文章が掲載されているので、印刷し、正確な役職名とあいさつ文のポイントとなる言葉をノートに抜き書きしておきましょう。

⑤著書や公刊物
　ⅰ.「Web検索」により、検索結果にamazon等のネット書店のサイトが含まれてくる場合は、その相手に著書があるということですので、どのような著書があるかをしっかり把握しておきましょう。多方面で活躍している人の場合には、多くのWebページが検索結果として表示されます。検索結果がたくさんある場合には、Google検索で「検索オプション」をクリックし、ファイル形式をPDF形式に指定するのも一つの方法です。PDF形式の文書は、しかるべき機会に紙媒体で配布されたものが含まれ、Webページよりは情報の質や信頼性が高いと言えます。雑誌のインタビュー記事のPDF文書が検索されると、そこにインタビューの相手の略歴が紹介されている場合もあるので注目してみましょう。

⑥趣味
　多方面で活躍する人の場合には、仕事から離れた趣味などの情報も調べられる場合があります。知っておくと話のきっかけが得やすいので、公表されている場合にはぜひチェックしておきましょう。

⑦業界
　相手の所属先以外に、相手が身を置く業界の情報を調べておきましょう。近年の景気動向、ライバル企業の情報、業界自体の将来性など、相手の仕事に直結した話を振ることで、仕事人視点での深い話が聴けるかもしれません。

⑧地域
　相手の企業の所在地も含め、地域とのつながりのある活動があれば把握しておきましょう。こうした一連の作業は、就職活動はもとより、社会人になって企業に営業活動する際にも役に立ちます。

　以上、インタビューの相手の情報がWeb上で入手できることを前提として話を進めましたが、皆さんの相手が必ずしも著名な人物（ネットなどで調べられる人物）ばかりとは限りません。そのような場合は当然、その相手に直接的に関わる①～⑥のような情報の量は少なくなってしまいます。しかし、その場合でも⑦と⑧の情報は収集できますから、しっかりと調べておき、インタビュー時にいつでも情報を取り出せるようにしておきましょう。

ある程度の知名度を持つ相手であれば、自らの仕事ぶりや実績を見てインタビューを申し込んできたのだろうと想像するでしょう。しかし、ごく普通の社会人が相手の場合、「なぜ自分にインタビューをしたいと思ったのか」と疑問を持つはずです。「大学で課題が出されたから」では、その相手を選んだ理由にはなりません。相手自身、そして相手の仕事に対する興味をアピールし、どうしてインタビューを申し込んだのかを言葉で表現できるよう、十分な情報収集を行いましょう。

情報力というと、ITを活用し情報を集めることが頭に浮かびますが、それは機械の助けを借りているにすぎません。観察力と言語表現力こそ、情報力の本質だということを常に心がけましょう。

1.2　インタビューの相手の企業に関する情報を集める

この「インタビュー実践！」が、「仕事人」との対話であることを考えれば、前節の①〜⑧の中でも、とりわけインタビューの相手の企業に関する情報が重要であることは言うまでもありません。インターネットがない時代であれば、「いったい、何を作っている会社ですか」という質問は十分に意味もありましたが、現代では勉強不足をさらけ出すことになります。「御社のWebページで〇〇を製造していることはわかりましたが、具体的にどのような製品に組み込まれているのですか」と、情報収集から生まれた疑問を投げかけるのであれば、こちらの好奇心も伝わりますし、相手も嬉々として答えてくれるでしょう。

企業に関する情報源として、以下のものが挙げられます。（大学図書館のオンラインデータベースでも効率的に情報収集できます。詳しくは1.3節を参照。）

　ⅰ．当該企業のWebページ
　ⅱ．『会社四季報』や『日経会社情報』
　ⅲ．新聞記事
　ⅳ．雑誌記事
　ⅴ．業界別ランキングに関する本
　ⅵ．有価証券報告書

ⅰの「当該企業のWebページ」は、各企業が自ら発信し、広告PR情報が中心であるため、客観的な社会的評価などは見えにくいものです。そこで、ⅱ〜ⅵの情報源を用い、業界内のポジション、社会的評価、経営戦略、新製品（新サービス）開発等についての情報を収集してみましょう。

1.3　オンラインデータベースを活用する

これまでに述べた情報源は、大学図書館のオンラインデータベースを利用して、効率的にアクセスすることもできます。また、複数のデータベースを活用することで、新聞・雑誌記事はもちろん、著書や論文にまでアプローチすることも可能です。

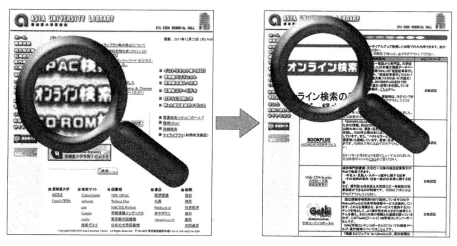

大学内のネットワークで、オンラインデータベースを活用しよう。
図書館ホームページ　http://www.asia-u.ac.jp/library/

　図書館ホームページの中央「蔵書検索」、オンライン検索一覧のページから各データベースにアクセスできます。以下を参考にして、検索する対象によってデータベースを使い分けてください。

人　物

- 「ダイヤモンド社　D-VISION NET for Library & University」：ログイン後、左メニューの［特定人物検索］から
- 「ジャパンナレッジ・プラス」：ログイン後、［基本検索］から
- 「東洋経済デジタルコンテンツ・ライブラリー」：ログイン後、左側メニューの［媒体別検索］から役員四季報等
- 「日経テレコン21」：ログイン後、左メニューの［人事検索］から
- 「聞蔵Ⅱビジュアル・フォーライブラリー」：ログイン後、上部タブメニューの［人物］から

会　社

- 「ダイヤモンド社　D-VISION NET for Library & University」：ログイン後、左メニューの［会社特定検索］から
- 「東洋経済デジタルコンテンツ・ライブラリー」：ログイン後、左側メニューの［会社検索］から四季報等
- 「日経テレコン21」：ログイン後、左メニューの［企業検索］から
- 「Factiva.com」：ログイン後、上部メニューの［検索］、［会社／マーケット情報］からキーワード検索
- 「Japan Corporate Watcher」：ログイン後、［検索条件］を入力して記事へ
- 「NEXT＠有報革命」：ログイン後、上部メニュー［企業検索］から各社の有価証券報告書へ

業界・業種

- 「ダイヤモンド社　D-VISION NET for Library & University」：就職関連記事世界業界マップ等
- 「ダイヤモンド『就活』ナビ2013」：特集記事から

- 「東洋経済デジタルコンテンツ・ライブラリー」：ログイン後、左側メニューの［雑誌検索］［媒体別検索］
- 「日経テレコン21」：ログイン後、左側メニューの［データ&ランキング］、［日本業界地図］
- 「聞蔵Ⅱビジュアル・フォーライブラリー」：ログイン後、上部タブメニューの［朝日新聞・週刊朝日・AERA］から
- 「Factiva.com」：ログイン後、上部メニューの［検索］、［会社／マーケット情報］からキーワード検索
- 「Japan Corporate Watcher」：ログイン後、［検索条件］を入力

|雑誌・新聞記事横断検索|

- 「MAGAZINEPLUS」：ログイン後、Webサービスの一覧から「MAGAZINEPLUS」を選択しキーワード検索
- 「Web OYA-bunko 大宅壮一文庫　雑誌記事索引検索」：ログイン後、フリーワードを入力
- 「日経BP記事検索サービス」：上部検索窓にキーワード入力、［プロに学ぶ］［トレンドを知る］［業界動向］から
- 「Factiva.com」：ログイン後、上部メニューの［検索］

※各データベースの利用方法については、図書館5階レファレンスカウンターで尋ねることができるので、有効に活用しましょう。

1.4　収集した情報を活かす

　これらの情報を紙に印刷しておくだけではなく、より役立つ情報にするために、以下のような経営学のフレームワーク（枠組み）を使うこともできます。経営学のフレームワークの中で比較的簡単に利用できるものを以下に挙げます。

　　a．SWOT分析
　　b．ポーターの5つの力分析
　　c．マーケティング・ミックスの4P分析

　具体的な分析方法については、「経営戦略論」、マーケティング関連科目・書籍で学ぶことができます。

2. インタビューメモをつくる情報力

　なぜ、人間はノートやメモを取るのでしょうか。それは、忘れてもいいようにするためです。仕事を抱えれば抱えるほど、常に新しい情報が私たちの頭の中に飛び込んできます。そして、古い情報は記憶の外に押し出されてしまいます。すべての情報を記憶にとどめようと頑張るのではなく、心置きなく忘れられるようにメモを取っておくことが大事なのです。そこで、この「インタビュー実践！」を、緊張感のある場でメモを取る訓練の良き機会としましょう。
　インタビューは、こちらの質問に相手が機械的に回答していく場合もありますが、多くの場合、相手が力点を置く話は必然的に深まり、また、前に話した内容との関連で新たな話題が付け加えられていきます。したがって、理路整然とノートすることはほぼ不可能で、一所懸命書こうとすれば、聴きとりがおろそかになります。反対に、一所懸命聴こうとすれば、相手の方に顔を向けるため、文章で書くことは難しくなります。そこで、単語レベルで記録していくことになるわけですが、その際、以下の点を意識することが肝要です。

・重要な事項と枝葉的な事項が区別できること
・すでに記録した項目への関連づけが可能であること
・メモを基に、ある程度まとまった内容の想起・再生が可能であること

　メモを取ったとしても、単なる単語や概念の並列では、上記の3条件を満たせません。したがって、情報は、一つの単語だけで表現するのではなく、複数の概念間の関係として表現します。たとえば、以下のようになります。

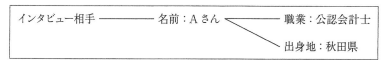

　この例では、「Aさん」、「公認会計士」、「秋田県」といった具体的な単語の意味が何を表しているかわかるように、それぞれ「名前」、「職業」、「出身地」という項目名を付加しています。「秋田県」とだけ記録したのでは、後でメモを読み直した時に「出身地」なのか、それとも「勤務地」なのかがわかりません。「Aさん」と線でつなげておけば、Aさんの出身地であることがすぐにわかります。上の例では、具体的な単語の前に項目名を書きましたが、線に意味づけしても同じです。

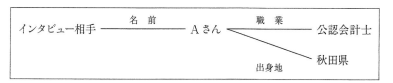

　この程度の内容であれば、線でつないだ図にする必要はありませんが、話が進むにつれ、学生時代の話や公認会計士の具体的な仕事の内容など、どんどん情報が追加されていきます。あとで見返して話の内容を再生できればよいので、最初から清書のつもりで書くのではなく、できるだけ簡単な記録方法でどんどんノートに落とし込んでいきましょう。

・・・ちょっとブレイク

　一般的に、大学の授業はマンツーマンではなく、先生は板書やスライドなどを用いて重要な箇所がわかるように説明をするので、ノートは比較的とりやすいのが普通です。本当は、先生が板書したことだけでなく、聴きながら自分で図解したり、言葉を補ったり、あるいは疑問を書いてみたりと、能動的なノートテイキングができるようになることが必要なのです。板書だけをノートに写しても、後で見ても文脈（コンテキスト）がわからず、ほとんど役に立たない場合もあります。

　実社会では、上司や得意先との会議や打合せの際、「ここは大事だからメモしてください」とは誰も言ってくれません。また、メモを取らない人を見たら、それだけで「この人は大丈夫か」と不安や不信感をもたれることさえあります。学校の授業や事務連絡などでも同じで、教職員が、メモやノートを取らない学生や指示した場合にだけ筆を動かす学生を見ると、「大丈夫か」と心配になります。大学で学んだ学問が社会に出てすぐに役に立つわけではありませんが、聴きながら同時に考えながらノートをとる習慣をつけることは非常に役に立ちます。極端に言えば、その習慣を身につけるために授業に出席していると言ってもいいでしょう。

　インタビューでも授業でも会議でも、メモが取れる力は情報力の大切な要素であり、皆さんの就業力に大きく関係するのです。

3. インタビュー内容を編集して記事にまとめる情報力

　インタビューが成功したかどうかは、インタビューの相手が会ってくれ、いい話が聴けたかどうかだけではありません。皆さんが作成したインタビュー記事が一定の基準を満たし、かつ文章のプロが読んで一定以上の評価を得て、初めてインタビューが成功したと言えます。また、記事の作成に真摯(しんし)に取り組むことは、相手の協力に対する責任の証(あかし)であり、皆さん自身の成長に必ずや寄与する活動となるでしょう。

3.1　中心的なテーマの決め方

　ここでは、集めた材料を料理し、一つの文章にする一般的な方法を説明します。「一つの文章」とあえて断ったのは、ここで要求されているインタビュー記事とは、インタビューの内容をすべて盛り込んだ数千文字にもなる文章ではないということです。一般に、文章は文字数を多く書く方が楽で、数百字以内にまとめる方が大変なのです。インタビューにおいても、相手が話した内容をすべて文字にするのは簡単なのですが、ここではそのようなことは要求されていません。たとえば、1600～2200字の文章にまとめることが要求されている場合には、中心的なテーマを何にするか考え、<u>直接的に関係のない話はあえて捨てる</u>作業が必要になります。「一つの文章」とは話題が盛り沢山の文章ではなく、あるテーマに絞り込んだ文章のことです。

　では、中心的なテーマはどうしたら見えてくるでしょうか。中心的なテーマとは、皆さん一人ひとりがインタビューの相手の話のどこに着目したかであり、唯一の正解があるわけではありません。しかし、何でもいいわけではなく、指定された文字数を満たす文章が書けるテーマ、インタビュー記事全体に一貫性を与えるようなテーマでなければなりません。中心的なテーマを決めるには、インタビューメモを眺め、書かれた情報を枠でくくり（これを"島"と呼びます）、できた"島"に自分で名前をつけるとよいでしょう。つまり、インタビュー中の相手の言葉がそのままテーマになる場合もありますが、皆さん自身がそれをどう聴いたのか、結局、それはこういうことではないか、とネーミングをすることなのです。

　文章の全体像をイメージし、断片的な情報のグルーピングを行い、それに見出しをつけ、さらにまとめていく方法は、KJ法という名前で知られています。マインドマップのように、KJ法にもきちんとした流儀があるのですが、初心者があまり流儀にこだわると、手続きばかりに気を取られ、肝心のネーミングがおろそかになってしまう可能性があります。ともかく、考えれば考えるだけいいものができるはずですから、中心的なテーマが見えてくるまで生みの苦しみを味わうことも必要なレッスンです。以下、その生みの苦しみを少しでも和らげるポイントを挙げておきます。

point1　新聞記事に学ぼう

　新聞記事には、必ず見出しがついていますが、見出しは記事本文を読者に読んでもらえるようにプロの記者や編集者が工夫してつけています。新聞を読む習慣をつけると、「なるほど。この記事の本文にこの見出しか」とプロの仕事に感心する一方、誤解を招く見出しもあり、テーマ設定のいい勉強になります。

point2　発想力を高めよう

　中心的なテーマが自然に見えてくるのを待っていても時間はどんどん過ぎていきますので、「このインタビュー記事はどこで勝負するか」を積極的に考えることも必要です。せっかく、インタビュー記事を書く以上、ありきたりのテーマや結論ではつまらない。そうかと言って、奇を衒(てら)う必要はありませんが、このインタビュー記事のユニークさや個性といった面白さを発想してみましょう。レポートや論文はもちろん、皆さんが社会人になってからもこのような志向性は要求されます。たとえば、新製品を企画する仕事を任されたとき、すでにあるような製品のアイデアばかり

を出しても面白くありませんし、それを製品化したとしても話題にならず、売れません。将来のために発想力を磨いておくのも、学生時代の大切な仕事です。

point3 いろいろな「型」を考えよう

文章構成についても、インタビュー記事なら面白いものを考えることが可能です。レポートや論文では、序論で何を書くべきかほぼ決まっていますが、インタビュー記事ならいろいろなバリエーションが考えられます。一般的には、相手の紹介から始めますが、そのパターンをあえて崩すこともできます。巻末資料Ⅱで、いろいろな記事の型に触れてみてください。

point4 とにかく「書こう」

文章作成においては、完璧な文を頭の中で完成させてから書く必要はありません。特に、パソコンの文章作成では、頭に浮かんだこと、気づいたことを次から次へと入力し、後で文章の前後を入れ替えたり、追加や削除といった編集を行えばよいのです。画面上では、なかなか全体を把握することが難しいので、印刷して、赤を入れていくほうが効率的な場合もあります。一度編集が終わった段階で推敲を行い、文章構成、誤字脱字などの誤りがないかチェックをしましょう。

3.2 社会における文章作成

以上のように、インタビュー記事の作成には、実はかなり高度な情報力を養っておく必要があるのです。レポート・論文とインタビュー記事とでは、構成はもちろん、要求されていることもかなり異なります。社会に出ると、レポートや論文よりも、今回のようなインタビュー記事や企画書、提案書、依頼状、紹介文といったさまざまな形式の文章を書く機会が多くなります。著作権の観点からも、参考文献を用いたレポートの書き方を大学でしっかり身につけておくことはもちろん必要ですし、TPOや業務の必要性に応じて、さまざまな形式の文章を作成できる力が不可欠となります。

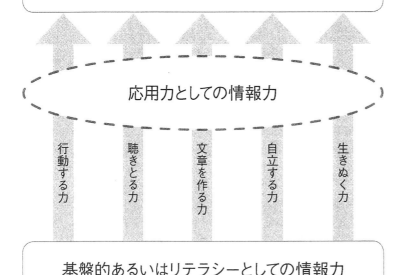

これまで「インタビュー実践！」に必要な情報力について述べてきましたが、これらの情報力は、大学で学ぶため、就職活動を行うため、さらには就業力の基となる力でもあります。すなわち、情報力は、「聴きとる力」「行動する力」「文章を作る力」「自立する力」「生きぬく力」の基盤であるとともに、これら5つの力の応用力としての面も持っています。情報力を得るためには、ITの理論や操作能力だけではなく、自分自身のインテリジェンスを高めていく努力が不可欠です。

「インタビュー実践！」が、皆さんの情報力に火をつけるきっかけとなれば幸いです。

巻末資料Ⅱ　インタビュー記事の諸例

「インタビュー実践！」で参考にしたい記事形式

●亜細亜大学経営学部編
『The Interview 2011』より

① 第一印象からの三分間

学籍番号 923055　丹野　里沙子（北村ゼミ）

「人生一度しかないですからね」。そう笑顔で話してくれたのは、ホテルメッツ武蔵境で副支配人として働く、佐藤洋志さん。この仕事に就いて三年目になるという。以前は十年間デパートの販売員として働いていたが、三年前、ホテル業界に転職をした。「基本的には旅行に行くことが好きなんです。電車に乗って観光地に行って、旅先のホテルに泊まって。そうすると勉強になることがたくさんあったんです。サービス業目線で見た、各ホテルのワンランク上の接客やサービスに、何か強く感じるものがありましたね」。

社会人になってから十三年間、サービス業一筋で仕事をしてきた佐藤さんは、様々なジャンルのサービスに触れた上で、自分の興味の方向が、いま少しずつ変わって来ていることや自分のキャリアを今後どう築いていくかを考えた。そして、転職するチャンスにホテル業界に入ったのだった。

佐藤さんの働くホテルメッツ武蔵境は中央線沿いにあるため、さまざまなお客様が訪れるという。旅行や娯楽などを目的としたお客様よりも、日常に密着した目的で訪れる人たちが多いのがビジネスホテルの特徴である。そのため、休日よりも平日の方が忙しい。仕事の内容は基本的にはフロント業務を行っているが、実際、接客サービスは10ある仕事のうち3の割合しかないという。事務的な仕事の割合が高いのは、ビジネスホテルの特徴だと言える。佐藤さんは「短時間の接客サービスだからこそ、スタッフ一同チームワークを大切に、お客様と接しています」と語った。また、チームワークで大切なことは、「思いやる心」だという。お客様だけでなく一緒に働く仲間たちに対しても大切なことで、仕事をする上で、スタッフ全員が同じ方向を向くことが、良いサービスに繋がるのだ。ホテルメッツ武蔵境を訪れるお客様は、「良いお客様」が多い、と佐藤さん。ここにいう「良いお客様」とは、「穏やかなお客様」という意味らしい。そして意外にも、外国人のお客様も多く訪れるのだ。外国人のお客様に対するサービスに特別な違いは無いが、初めて日本にきたお客様にはゆったりと過ごせるような、安心を与えるサービスを心掛けているそうだ。ホテルメッツ武蔵境が属する多摩地区エリアはホテルの数が少ないため、利用客が多く「うちはおかげさまで稼働率が高いです」と、笑みをこぼした。

だが、人と接している以上クレームも少なくない。「失敗は起こるべくして起きているんですよ。最初から大きなクレームは無くて、小さなことの積み重ねがクレームを生み出してしまう」。人と人の関わりで成り立っているサービス業において、気持ちや態度、言葉などの微妙なすれ違いが不満要素となってクレームが起きてしまうのだ。また、「常にお客様の気分が良いとは限らないですね」と言う。その一人のお客様の様子を敏感に感じ取ることが仕事の難しさでもあるそうだ。

そこで、サービスを提供する時に気を付けていることは何なのか質問すると、自分自身に言い聞かせるかのように、第一印象からの三分が何よりも大切だと答えた。挨拶をして、チェックインの手続きをするたった三分間のほんの少しの会話に懸ける思いを強く感じた。「私たちスタッフがお客様と関わる時間はとても短いから、五感で感じる第一印象がとても大切になるんですよ。お客様が入ってきてフロントでお会いする時の、身だしなみも全体の匂いも含めたその一瞬の重みが、それからのお客様との関係性の良し悪しを決めるといっても過言ではないと思うよ」。

そして、毎日慌ただしく仕事をする中で、思いがけないお客様の言葉に元気をもらうこともある

そうだ。「なかなかお客様は言葉に出して言いません」とはいうものの、お客様の帰り際の「また来るわね」の一言には嬉しくなるという。また、コメントレターのアンケートの中で「気持ちの良いステイでした」と書いてあるのを読んだ時や、何度も利用してくれるお客様と顔見知りになれたと思う時が、この仕事の喜びだと語った。

ホテル業の魅力は、「日々いろいろな所から来るいろいろな人たちと出会えることで、そこがこの仕事の面白さの一つでもあると思う。ひとりひとり違う個性を持ったお客様だからこそ、ひとりひとりのお客様に興味を持つことが大切になるんですよね。」一瞬の印象や全体の雰囲気の良さ、お客様に対して興味を持つことを、始まりの三分に詰め込んだサービスの提供をすることはやりがいがある。しかし反面、その瞬間に、それからのサービスの質を決めてしまうことになり、また、ホテルのイメージが作られてしまうという怖い部分もあるようだ。

インタビュー終了後、帰り際に「サービスは面白いですよ」と笑顔でおっしゃって下さった佐藤さんは、インタビュー中、何度も「興味」という言葉を繰り返していた。自ら興味を持った世界に踏み込んだ佐藤さんの「興味を持つ」という言葉には、その大切さを強く訴える力があった。私たちも、自分が興味を持って踏み出した大学生活の中で、「第一印象からの三分」を大切にすることで、掛け替えのない出会いが生まれるのかもしれない。

2011年6月4日
ホテルメッツ武蔵境にて

●亜細亜大学経営学部編
『The Interview 2012』より

② 継続の先に見えるもの

学籍番号 2212057　髙橋　美咲（横山ゼミ）

「どんな職業を目指すにしても、大切なのは一つのことにどれだけ打ち込んで、真剣にやってきたかということ。ずっと継続していれば、やっていて良かったと思えるときがくる。それについての魅力が、いつか溌剌と話せるようになると良いですね」。そう語るのは、1993年にアナウンサーとしてNHKに入局し、現在は恵比寿にある東京アナウンスアカデミーで講師をしている石川光太郎さん。

石川さんは学生時代、芝居に打ち込み、役者になることを夢見ていたという。将来のことを考えた時、自分は大根役者ではないか、このまま役者になっても売れないのでは、と疑問を持った。それでも、何かを表現したい。自分の目で見て、感じて、伝えることができるものはないか。そのように考えた末、今までしてきた体全体で表現することではなく、自分の言葉で表現する「アナウンサー」という職業を目指そうと決心した。

様々な放送局を受験した結果、NHK高知放送局のアナウンサーとして採用された。アナウンス技術もままならないまま、新しい土地で地元のニュースも読む。そこで、その土地のことを知るために、採用が決まると、地名を覚え、地図や地元紙などで情報収集を始める。これは、勤務先の異動が多いNHKアナウンサーにとって、めずらしいことではない。一つの放送局に20年間勤務し、アナウンサーとして能力を培ってきたとしても、また一から覚えなければならないこともある。中には、単身赴任をしながら家族と離れて暮らし、自分がなぜアナウンサーとして働くのか、なぜアナウンサーでいたいのかを考える人も少なくないという。石川さんは、今まで、高知放送局をスタートに大分、松山などの地方局を回っている。色々な土地を巡ることは、どのような良いことがあるのか聞いてみると、「とにかくその土地の人たちが温かい目で見守ってくれる。『新人アナウンサーなの？　頑張ってね』と言われることが嬉しいですね。住めば都ですよ。」と、笑顔で答えてくれた。数々勤務した地方局の中でも、アナウンサーとしてスタートした高知放送局は特に印象に残っているという。

アナウンサーになることがゴールなのではなく、なってからも情報収集など常に勉強しなければならないこの職業。それでも、NHKアナウンサーとして走り続けてきた石川さんにその魅力とは何か聞いてみた。石川さんは考える間もなく、堂々とした口調で「本当にたくさんの色々な出

会いがあること」と言い、「普段TVに出ている芸能人に会えることはもちろんだけど、端から見て何を考えているのか分からない人に実際インタビューしてみると、実は深く考えていることがある。」と続けた。その中でも、石川さんに一番影響を与えたのは、『熱海殺人事件』などでも知られる演劇作家、つかこうへいさんだったという。つかこうへい劇団を取材した際、最初は気難しく、頑固そうなイメージだったが、在日韓国人であるつかさんが、韓国と日本の友好を深めるため、韓国で日本語による舞台を行った際の話を聞くうちに惹かれていったと語る。石川さんにとって雲の上の存在だったつかさんに話を聞いたのは、アナウンサーでなければできないことである以上に、演劇に興味があったからできた取材だと言う。「何か自分に興味があること、深く知っていることが一つでもあれば、取材がきたときに私が行きますとか、その分野に詳しい人知っていますよ、と提案もできる。自分の興味が取材に生きるのです。」と語る。学生時代に演劇に打ち込んでいた石川さんだからこそできた、つかさんへの取材だった。

アナウンサーの仕事の一つである取材は、多くの人に出会える魅力がある一方で、嫌なことも当然ある。石川さんは東日本大震災の際、岩手県宮古市へ取材に訪れた。沿岸に位置している宮古小学校は死亡者、行方不明者は出なかったものの、かつての活気はない。そんな中、避難所を訪れ、「NHKのものですが…」と声をかけなければならないアナウンサーとしての立場に苦しんだ。死亡者が出なかったことに喜ぶと同時にあの恐怖を思い出して、ボロボロ泣きながら取材を受けてくれるおばあちゃん。何かしてあげたい、力になってあげたい、思ってはいるが何もできない。できることは、この事実を電波にのせることだけ。本当にそれでいいのだろうか。様々な疑問を抱き、取材をすることが心苦しかったと語った。

2011年8月、もっと色々なことに挑戦したい、NHKという後ろ盾がない自分は一体どこまで通用するのだろうか、そのように考えた石川さんは、NHKから独立し、新たな人生をスタートした。フリーランスとなった今、被災地はどのように見えるのか、ボランティアとして入り、取材者では出来なかったことにも取り組んでいる。石川さんが、今伝えたいことを語ってくれた。

「どうしてもなりたいものがあるなら、最後の最後まであきらめないこと。たとえ就職活動が終わったとしても、自分の希望ではない会社に就職したとしても絶対にあきらめないこと。ずっと思い続けていれば、自分のしたいことができるかもしれない。それまでは、とにかくあきらめずに継続すること。」その力強い言葉には、石川さんの「アナウンサー」に対する信念が感じられた。

2012年6月2日渋谷区恵比寿
東京アナウンスアカデミーにて

●亜細亜大学経営学部編
『The Interview 2013』より

③ "SHOW MUST GO ON"

学籍番号 2113388　若林　廉也（小川ゼミ）

「スターになりたいとかお金をかせぎたいとかは、いっさい思わない。一人でも多くの人に感動をあたえられたら良い。」そう語るのは、舞台俳優の太田泰信さんである。太田さんは、「ミーアンドマイガール」や「ハロードーリー」など、現在でも数多くのミュージカルに出演している。もともとは劇団「四季」の団員であり15年間ミュージカルに出演し続け、その経験が今の自分を育てたと言う。

富山県出身で、高校は116年の伝統を持つ富山商業高校に入学した。部活動は当時強豪であった吹奏楽部に所属し、楽器はホルンを担当。全国大会金賞常連校で、その練習は想像を絶するものだった。365日のうち20日間休みがあれば良い方で、テスト期間中でも部活をしていた。また、真冬の朝、屋外でロングトーンをしていて、楽器につららが下がったり、冷えきったマウスピースが口に貼り付いて取れなくなるまで練習を続けたそうだ。

劇団「四季」芸術総監督の浅利慶太さんは「自分は、プロの演出家が立っている姿を見ればどういうレッスンを受けてきたかわかるし、自己紹介を聞けばその人の声や五感もわかる。だけ

どその根性だけはわからない」と言い、素質があっても熱意が伝わらなければ才能は開花しないということを教えてくれた。しかし、太田さんは高校時代に大変ハードな練習をしていたため、一つのことに熱中する自信を持っていた。その熱意を見抜いてもらえたからこそ、劇団に入ることができたのではないかと振り返る。

　二度目での合格は早い方だったが、他の人はバレエやダンスを以前から習っており、大学の演劇学科、ミュージカルの専門学校、音楽大学などを卒業していたが、何もしていなかった太田さんは入団してからも大変苦労した。団員になると、1年間は研修生としてレッスンを受け続け、2年目から正式に作品に出演するのだというが、主にダンスやクラッシックバレエのレッスンが多く、周りの人が知っている用語を全く知らなかったため、最初はすぐには成果を出せなかった。また入団が25歳であったため、親からの仕送りを受けるわけにはいかなかった。けれども、芝居だけで生活することを目標としている劇団「四季」ではアルバイトが禁止だった。そこで内緒で新聞社奨学生になり、朝4時に起き朝刊を配達してからジャズダンスのレッスンに通うという生活を1年間続けたのである。そのような努力が実り、研究所の卒業試験では落第ギリギリの最下位だが見事に合格。大変嬉しかったと同時に、合格すると言われていた人が数多く落ちたため、少し申し訳ない気持ちもあった。正式に劇団員となり、初の舞台は26歳の時だった。小学校5、6年生を対象とした学校招待公演であった。当時の劇団「四季」は今ほど公演数が多くなかったという。

　最大のトラブルは「ライオンキング」の本番中、転倒して脳震盪を起こし、記憶がなくなったことだ。起き上がってすぐに指揮を始め、太田さんの歌う曲がスタートしてしまっていたため、彼は記憶がないまま歌いだし、踊りもすべてやり通した。危うく公演中止になるところで、今、思うと怖い話であった。というのは、ある公演で停電になったために公演中止になり、それを聞いた演出家は「たとえ懐中電灯で照らしながらでも続けろ。芝居を楽しみにしているお客様は、そこから先のストーリーがわからないまま帰ることになってしまう。」と激しく怒ったそうだ。それを覚えていた太田さんは、自分のせいで幕が下りないように、気合だけでやり抜いたのである。これこそ"SHOW MUST GO ON"である。

　太田さんは、今年の8月にミュージカル「ハロードーリー」に出演予定で、現在はそれに向けて稽古中である。この出演作のためにも、劇団「四季」を通して学んだことが大いに役立っているという。芝居は演出家の号令のもと、出演者同士で話を進めながら作り上げ、最後には完成させなければならない。大団演に向け、一つの道筋に合流できるよういろいろな行動をとる必要がある。そのことを精一杯やってきたから、いかなる仕事でも、また日常生活でも、着地点がどこで、どのような行程をたどるべきかということを考えるようになった。スムーズに物事が運んで目的に行き着くより良い方法をつねに考えるようになり、人生とは生きるに値する感動的なことだと、より深く思うようになったという。

　太田さんは、インタビューの最後で「役者の仕事は役として存在することではない。普通の仕事より濃密な時間を生きるわけである。そのためには実生活でも大切に生きること、生活の中に喜びを持つことを心掛けている」という言葉を残してくれた。自分のことよりもお客様のことを考えて、日々訓練に励む太田さんの心情が伝わってくる一言であった。

2013年5月19日
阿佐ヶ谷のカフェにて

●国語表現・論集
『亜細亜からの風』（1999〜2010）より

④ 春風を以て人に接し秋霜を以て自らを慎む

学籍番号〇〇××　内田　大裕

　「ガツンとぶつかると、ガツンと自分に跳ね返ってくるからね〜」。腕組みを解いて、面を一つ打つとまた白い胴着に手を戻す。

　私は小学生の時に合気道を習っていた。内田又二先生は私が通っていた町道場の指導員で

ある。内田先生は大学時代に合気道と出会い、その後、佐賀県鳥栖市にある町道場で指導者となってもう二十五年になる。

大学生になって何かスポーツをしようと思って始めた合気道は、もともと体力づくりのためだったという。

「学生のころは部活動だったし、体力もあったから毎日汗かいてやっていたけれど、今はそうはいかないね。もう若い人たちに筋力やスタミナじゃかなわなくなった。力を使わずに技をかけるということがやっとわかってきたよ」。大学卒業後、職場のクラブ活動でほかのスポーツを始めようとしていた内田先生は、大学時代の師範である菅沼守人先生に、「新しい町道場ができたから指導やら運営やら手伝ってほしい」と頼まれ、その道場に通いだした。町道場での稽古は学生時代の部活動と違って、年齢も体格も様々な人が通ってくる。武道がやりたくて始めた学生、健康のために始めた中高年、ダイエットや護身術を身につけるために通ってくる婦人、そんないろいろな生徒に教える中、内田先生は、力任せの技がどれほど無力なものかを悟ったという。

「学生のころから、力任せに技をかけるのではないとわかってはいたけれど、それができていなかったことを改めて思い知らされたね」。力を使わずに技をかけること。その指導はとても難しかったが楽しくもあったらしい。自分にとってスポーツだった合気道が、武道の合気道に変わっていくのが実感できたという。

しかし本当に力を使わずに技をかけられるようになったのは、五十歳を過ぎてからだという。「相手と『気』を『合』わせるのが合気道」。力を以てぶつかれば力の強いほうが勝つ。力の弱いほうが力任せに技をかけてもうまくいかない。内田先生は年をとって体力も落ち、手首やひざを痛めてからやっと、力と力のベクトルが体でわかるようになり、最小限の力で技をかけられるようになってきたという。しかし、それはぶつかってきた相手をよけたり受け流したり、というのではなく、相手を相手の行きたい方向へ連れて行くのだという。内田先生はそれを「相手を思いやって行う」と表現した。「春風を以て人に接し秋霜を以て自らを粛む」。佐藤一斎の言葉を引いて語られた菅沼恩師の言葉が内田先生の目指す合気道であり、人生観だという。

力だけではダメなことを一番実感したのはどんな時ですかと尋ねたところ、ご長男が生まれた時だと返ってきた。内田先生のご長男は初産で難産だったらしい。産道が詰まって、何時間も出てこれず、やっと出てきても呼吸ができなかったそうだ。「お産ばっかりは男の私にはどうしようもないからね。心の中で祈るしかできなかったよ。子供も頑張ってるんだから私も頑張って煙草をやめるってね」。まあ三日しかもたなかったけど、と笑顔で応えてくれた。

最後に内田先生は、大学で再び合気道を始めた私に、「若いうちは遠慮しないでガンガンぶつかっていきなさい。だんだんわかってくるから」と語り、私もまだまだわかっていないから、と謙遜の笑みを添えられた。

二〇〇九年十月七日
鳥栖市民会館多目的ホールにて

●国語表現・論集
『亜細亜からの風』（1999〜2010）より

⑤ 草加煎餅の次に有名になったおじさん

学籍番号○○×× 日下 瑞絵

「でかいことをやってみんなの度肝を抜かせたかった」。
「ただの目立ちたがりやのおやじだよ」。
こう語るおじさんは、埼玉県草加市のちょっとした有名人である。

福島県生まれの五十八才の佐藤さん。「草加で二番目においしいブンブン餃子」（店名）の店主を、三十四年間勤めている。この店名のネーミングセンスの通り、ユニークで大変変わったおじさんだ。毎日、自宅から六駅ほどの距離を徒歩で通う強者でもある。店内には、過去に受けた様々な取材の写真などもかざってある。「金儲けがしたかった」「餃子が好き」。このような理由で、ここまで餃子ONLYでやってきたという。「三十四年の中に一コマ一コマいろんなドラマ

があったよ」。そのドラマもまた、珍事か、スクープか、とにかく強烈である。今日はその中の一つを語ってもらった。

「死ぬまでに雪がみたいねぇ」「じゃあ、持って来てやるよ」。ハワイで会った日系人とおじさんとの間に、たまたまそんなやり取りがあった。

昭和五十二年、当時の獨協生（獨協大学生）を十人引き連れ、泊りがけで富士山の七合目まで行ったという。マイナス二十度。もちろん、雪を持ち帰るためである。総費用約一千万円。他愛もない偶然のやりとりも、おじさんにとっては堅い男同士の契りであったのだ。ハワイのワイキキビーチに三トンの雪。五メートルの雪。五メートルの雪だるま。やってしまった！ 嘘のような本当の話。ハワイでも日本でもマスコミで騒がれ、その後も件の日系人を探し求めたが、結局現れなかったらしい。そんな大きな出来事も「男のロマンだよ」の一言で片付けてしまった（まぢ、かっこいい）。

こうなると、逆に失敗談や、ネガティブな話を聞きたくなったが、おじさんの「人生に間違いはない」の一言で、私の意地悪な心も影を潜めてしまった。

唐突に話は変わるが、おじさんは特許も持っている。孫の手の改良版であるかのような「足手的医」という健康器具。また、これを使えば素人でもマッサージのつぼが分かるという手拭い（東急ハンズで売り出し中）。それと、餃子にチーズをいれて売り出したのも日本初。おじさんは、「新しいアイディアを常にだす」と言う。しかし、それは「餃子という木の幹があるからこそ、そこからいろんな分野へ枝分かれすることが出来るんだよ。三十四年間同じことを続けるのは大変だ」と、一瞬、すぐ返すのに困るような言葉も投げかけてくる。そんなおじさんは今、「健康志向のキャベジンジュースを売り出す」ことに夢中になっている。

「おじさん飴なめる？」「おじさんに飴をくれる時は、二個くれ。口の中左右両方とも膨らまさないといやなんだよな」。こだわり者というかなんというか……。また、迎えにきたダンスをやっている私の友人に対しても「なんか宝塚かぶれみたいなのが入ってきた」と毒舌をかます。さすがの好奇心というか、初対面でここまでの洞察力は、もの凄い。

おじさんがしてくれた話は、子供が寝る前に聞くようなワクワクする話で、聞くだけで精一杯だった。私自身好奇心は旺盛な方で、おじさんまでとはいかないが時々突発的な行動をとったりする。だから、なんだか学校生活やバイトに追われる毎日で、忘れかけていた童心や大胆さを今回刺激された気がする。おじさんのような人が大好きだ。

二〇〇三年四月三十日
ブンブン餃子にて

●国語表現・論集
『亜細亜からの風』（1999〜2010）より

⑥ パチャママの使者

学籍番号〇〇××　福岡　永梨

「アンデスの家ボリヴィア」は、神奈川県の丹沢の山間、曲がりくねった急坂をいくつも超えた松田町 寄 にある。長年の夢であったこの音楽館で、父は南米の国、ボリヴィア直輸入の楽器やレコードを販売し続けて三十年になる。

父、福岡稔、六十三歳。五年前、大学病院で胃、肝臓など内臓をほとんど摘出する大手術を受けた。食べ物を吸収することが出来ないため、自ら胸に点滴針を刺し、なんとか栄養をとっている。そんな父がここ数ヶ月、思い通りに動かない体を酷使しながら、必死で楽器を作っている。（その楽器とは、アンデスの竹で出来た縦笛で、日本では、主に現地のボリヴィアから輸入している。）しかし先月、埼玉県の県立高校から依頼を受け、父は、低価格で生徒たちに吹いてもらいたいと手作りで百本を提供するのだという。この、ボリヴィアの民族音楽、フォルクローレを広めるという収入の安定しない仕事を続ける父、むしろ積極的に収入を得ようとはしない父が、私にはいつも疑問だった。

父は三十年前まで普通のサラリーマンをしていた。それが突然会社を辞め、無一文で家も仕

事も決めずに、聞いたこともない異国の地、ボリヴィアにとびだした。そのきっかけとなったのは、友人に聴かされた一枚のレコードだった。友人はケーナというアンデスの笛を聴かせるためにかけたのだが、父が惹きつけられたのは、伴奏に聴こえてきたチャランゴという、アルマジロの甲を使った弦楽器だった。「今まで聴いたことのない、不思議な虹色の音だった。そのとき、『音色』という言葉のとおり、音に色があることに気がついたんだ」と父は語った。

一方、幼稚園の教諭をしていた母、麻由美も、園児に聴かせるレコードをさがしているうちに一枚のケーナのレコードに出会った。そして母もまたフォルクローレの虜になってしまった。しかし、母以上にケーナに夢中になったのは、当時小学三年生の母の弟、つまり私の叔父だった。叔父は、フォルクローレ雑誌に掲載されていたケーナを購入し、独学で演奏を学んだ。そしてしばらくすると、「愛知県のケーナ少年」としてフォルクローレファンの間に知られるようになった。ちょうどそのころ、父も演奏グループを結成しており、雑誌社に叔父とともに紹介された。そしてそこで母と出会ったのだという。

その後結婚した二人は、周囲の人たちの猛反対を押し切って、あこがれの地ボリヴィアへと旅立った。「ボリヴィアの首都ラパスは、標高も高いし、空気も薄いし、日本人の住めるところじゃない。それに非衛生的で食事もまずいから、アルゼンチンに行った方がいいと言う人もいたんだ」。しかし、彼らにはボリヴィアへと通じる一本の道だけが見えていたという。

二人はペルーからラパス、そしてコチャバンバへと移り、ボリヴィア人一家の離れの一室を借り、そのアルシレポンセさん一家は、父と母を本当の家族のように迎え入れてくれた。

父は、郊外にあるチャランゴ工房へ通い、チャランゴの製作を朝から晩まで習っていた。「はじめは簡単に工房に入れてもらえず、日本人に製作技術を教えてしまったら、ヤマハのような大工場で大量生産されて、ボリヴィアのチャランゴ工場はみな倒産してしまうと恐れられて、入室や写真撮影はダメだと言われた」と父は苦笑いをしながらそのときのことを話した。しかし、やがて父の熱意は通じ、工房の職人にも友人ができ、夜になると彼らが楽器を手に遊びにやって来た。

一方、母は、バスを乗り継いで隣町の農家の女主人に織物を習いに行っていた。とはいっても、授業料を払うわけでもなく、時々ビスケットやキャンディを持って行けばとても喜んでくれたそうだ。「農家の庭先で、出来上がるまで気の遠くなるような手織物を、言葉が通じなくても黙々と作業をしている。その情景に、日本の山村にいるような錯覚を覚えたよ」と父は言う。

そして帰国の日が近づくにつれ、これからの日本での仕事が見えてきた。それは、音楽や手織物に見る、伝統的な異文化のすばらしさを日本人に伝えること。「精神的豊かさ、温かさを持ったボリヴィアの人達のことを理解してもらうのは、物質優先の日本人にはとても重要なことなんじゃないかと思うようになったんだ」という。

一度ラパスに戻って結婚式を挙げ、その後、再び帰国した。住み慣れたコチャバンバの地形に近いということから、神奈川の山北町に家を借り、『アンデスの家ボリヴィア』と名づけた。はじめは、「この小さな町から、日本全国に発信する情報がどこまで届くのか、ボリヴィアの民族楽器やレコードを輸入販売することで、果たして生活が成り立つのか、大きな不安があった」という。しかし、すでに日本にはフォルクローレファンが存在し、彼らに現地の確かな音楽を伝えることで、アンデスの家には多くのファンが出入りし、その数は十四年間で五千人にものぼったそうだ。また、「フォルクローレもボリヴィアも知らない一般の人達にもフォルクローレを聴いてもらう機会を作りたくて、近所の奥さんや子供達を集め、公民館で教室を開いたり、演奏グループを結成したりもした。生涯学習講座や成人学級で講演の依頼があれば、ここぞとばかりに気合いを入れて資料を作った」という。そして少しでも多くの人達にボリヴィアの文化を知ってもらおうと、北海道の帯広から沖縄の那覇まで全国十ヶ所以上で展示会を開いた。「展示会や講演会で語り合った人や、手紙や電話だけで友情を温めた遠方の人、また各大学のフォルクローレサークルで出会った学生など、出会ったすべての人達に感謝している」と話した。

そんな仲間たちとの夢であった、神奈川県松田町の『新、アンデスの家』。しかし、第二期

着工を前に、父母ともに病に倒れてしまう。そして一九九一年六月三日、母は三歳の私と五点の染織作品を残して永眠した。

「麻由美と出会って十四年、その短い期間には不思議な出会いがたくさんあり、おそらく多くの人々が経験するであろうものとは異なった人生があった。……麻由美はパチャママの使者だったのかもしれない……」。

アンデスに住む人々が崇め敬う大地の神パチャママ。まずは一滴の酒を大地に捧げ、地に伏して祈るアンデスの民の姿、農作物の恵みと、母親の抱擁のような温かさで人々を包み込んでくれる女神。母の作品のテーマには、いつもパチャママがイメージされていた。

「まだまだフォルクローレやボリヴィアを知らない人の方が圧倒的に多いのだから、一生かけても果たし得ない仕事として覚悟して地道に進んでいかなきゃならない」。そう話す父の目は、病で衰弱した体ながらも、しっかり前を見つめ、輝いていた。その先には、抜けるような青空と荒涼たる大地が接するボリヴィアの地平線が、温かな人々が、そしてパチャママの使者である母の姿が見えているのだろう。収入の安定しないこの仕事をひたむきに続ける理由は、父の眼の中にあった。

二〇〇六年四月
自宅にて

●国語表現・論集
『亜細亜からの風』(1999～2010)より

⑦ この道一筋五十五年！

学籍番号〇〇××　嶽　千尋

私の祖父、嶽和雄は、現在七十八歳。自宅で額縁の製造、販売をしている。

一人で職人、販売人をこなし、今年で五十五年になる。「俺、最初は額縁職人になんてなりたくなかったんだよ」。私は驚いた。やりたくなかった仕事を五十五年も続けているなんて、根性もだ。祖父の兄弟は六人いて兄が一人、姉が四人、祖父は末っ子である。祖父の父親も額縁職人で、息子に自分のあとを継がせたかったらしい。だが祖父は兄が仕事を継ぐと思っていたので、大学に進学し、電気工学を学んでいた。四年生の時、電気メーカーの会社に就職が決まっていたのだが、兄が父親のあとを継がなかったため、祖父は半ば無理やり父のあとを継がされたという。

そのようにして今の仕事をはじめた祖父だが、しかし、今ではかなり芸術、特に絵画について詳しい。「ピカソの絵はへんてこに見えるけど、ちゃんとした意味があるんだ……」と、この後ピカソについて約三十分ほど熱く語った。「……つまり、数学では1＋1＝2だけれど、芸術の世界では1＋1＝2ではないんだ。もっといろんな可能性がある。同じ絵でも人によって、全く違うものに映るんだ」。今まで何度となく祖父の家に遊びに行っていたが、祖父がここまで真剣に語る姿を私は初めて見た。それから祖父は私に作りかけの額を見せてくれた。考えてみると、祖父が作った額縁をじっくり見るのは初めてかもしれない。額縁は数本の線のみで彫られているシンプルなものから花や亀、その他細かい模様が彫られている複雑なものまであり、正直、七十八歳のおじいさんが作ったとは思えないほど現代的だった。「デザインは絵のイメージ、強いか弱いかによって決まるんだ。強い絵、つまりインパクトがある絵では、額は控えめなデザイン、風景画のような弱い絵は少し派手なデザインにするとより絵が映えるんだよ」。昔の絵と今の絵では多少画風が異なっている部分もある。それなのに、どんな絵にも合う額縁を作れるのは長年の経験があるからこそなのだろう。

この仕事をやっていてうれしい時は？　という私の質問に、「やっぱり、お客さんに気に入ってもらえてありがとうって言われたときだな。あとは展覧会で額の中の絵が賞をとった時かな」と、うれしそうな顔で答えてくれた。自分が一生懸命作った作品を認めてもらえるというのは、職人にとってなによりもうれしいことなのだ。

祖父のポリシーは、お客さんからもらった金額以上の仕事をすることだという。しかし、額縁にも大きくて高価な素材を使っているものもあれば、小さくて並みの素材を使っているものもある。「いったん作り始めると熱中しすぎちゃって、いいものを作ろうと一生懸命やりすぎちゃうんだよ

な。セーブするのが大変なんだよ」と、悔いの残る作品を思い出してでもいるのか、少し険しい顔になった。商品を作っているのだから、ものによってはある程度の妥協は必要なはず。だが、職人として、妥協したくない時もある。そのギャップが辛いのかもしれない。「折角絵にあわせて作った額なのに、美術の本には絵しか載らないからちょっと寂しいな……」。そう言う祖父の声からは、メインは絵で額はあくまでも引き立て役というせつなさのようなものが感じられた。

祖父には二人の息子がいる。(もちろん一人は私の父である。)しかし二人とも額縁職人ではない。本当は仕事を継がせたかったでしょ？と聞くと、「俺はほんとはやりたくなかった仕事に就いちゃったから、息子たちには好きなことをやらせてあげたいと思ってさ。無理に継がせようとは思わなかったよ。額縁職人も二代目で終わりだな」と笑いながら言っていた。「最初のころは嫌だったこの仕事も、今はなってよかったって思っている。定年ないしね」。そんな風に言える仕事にめぐり合える人はあまりいないのではないか？祖父の話を聞いていると額縁作りを仕事というより、むしろ趣味のごとく楽しんでいるように感じられた。"職人"と聞けば、頑固で無口というイメージがあり、現に私の祖父にも頑固なところがある。しかしそれはひとつの仕事を極め、自分の作ったものに自信があるからだ。また、だからこそ他人にそれを認めてもらえないのは一番辛いことなのかも知れない。

「十枚作れば十枚全部違うものができる。楽しんでやっているよ」。私も祖父のようにやりがいがあり、なにより自分が楽しんでできる仕事につきたいと思う。おじいちゃん、いや、先生！貴重な話をどうもありがとう！

二〇〇四年五月八日
祖父宅にて

●国語表現・論集
『亜細亜からの風』(1999〜2010) より

8 夜空に目を向けるまで

学籍番号〇〇×× 藤原 知佳

「就職、先走っちゃったかなぁ」。
彼女は時折そう零していた。今回インタビューを行った、吉本夕紀さんの就職先は海上保安庁。専門学校を出てから保安学校へ行き、現場に出てから今年で二年目になる。休日でも海難事故など急な呼び出しに対応しなければならず、遊びに行けることは稀だ。

現在では大抵の同級生は社会人になっている。しかし、私は彼女の高校時代の友人なのだが、まだ大学生をやっているし、ほかにも大学院受験で浪人していたり、漫画家を目指してアシスタント業をしていたりと、いまだに就職していない人も多い。私からすると、早々に就職し、社会で経験を積んでいる彼女は大人びて見える。

「今日、会社の同期から電話があって、なんでも地元の警察に受かったから会社を辞めるとか。元々警察官を目指していた人だから、念願の夢が叶ったって。別に今さら転職願望がある訳じゃないけど、やっぱり自分のやりたいことをちゃんとやっている人を見ると、尊敬すると同時に劣等感を感じずにはいられない」。

実は彼女が現在の職を選んだのは、家庭の事情が関係している。父親がリストラにあったのだ。だが、その時まだ彼女の弟は小学生。これから中高、できれば大学まで通わせたいという思いから、できるだけ早く就職するために、奨学金で専門学校へ進学し、経済的に安定している公務員の道を選んだのだ。海上保安庁へ入ったのは、昔から体力に自信があったからで、ちなみに入庁時の体力試験は、男女共同じ内容とのこと。今でも辛い仕事であるのは変わらないけれど、責任感も持てるようになったし、職場の雰囲気も楽しめている、と話す夕紀さん。最初は仕事の楽しさを見つけられず、辛いことばかりだったそうだ。

一旦海へ出ると半月も戻って来ることができなかったり、サミット警備や海難救助で、休日どころか休憩時間も取れないことが一週間以上も続いたりといった勤務状態。現場に出てから辞めて行く者は、男性でも多いようだ。それに加え、女だからという理由での上司からの嫌がらせ

や、少なくとも三日に一度はあるという水死体の引き揚げ、腐敗の進んだものの検視での精神的な苦痛も酷い。

「女だからといって業務上のメリットはなく、むしろ舐められるだけ」。

海上保安庁の女性比率は全体の三％以下で、警察や自衛隊よりも遥かに少ない。さらに、体力的な理由や寿退社が多く、四十代以上の女性職員はほとんどいない。

主な仕事は、海難救助、遠洋海域（領海線まで）の警備、湾内の警備・取り締まり、船の整備作業など。その中で、女性にしかできない仕事、主に女性に任されている仕事というものは無く、逆に女性にはできないことがとても多い。潜水士（映画で有名になった、いわゆる海猿）は水圧により子宮等の臓器に障害を与える可能性があるので、男性のみ。女性は三十キロ以上の荷物を持ってはいけない、シンナーやタール系錆止めペンキの塗装、錆打ち等妊娠に影響を与えるおそれのある作業に従事させてはいけない、など船員法で定められている。潜水士以外の項目に関しては無視されることもあるようだが、身体的な力の差は否めない。

「特に年配の乗組員は、私達若手の女性乗組員にはかなり気を遣っていて、危険作業は全て、危ないからやらなくていいとか嫁入り前の身体に傷を付けてはいけないとか言ってやらせてくれない。優しさは有難いけど、役に立てない自分に不甲斐なさを感じる」。

船上での自分の存在価値を見出だせない、そんなジレンマに陥っていた時、順番的に次は自分が任されるはずだった仕事を、後輩の男性が引き継いだ。悔しさから、必死で前任の上司に掛け合い、結局やらせて貰えることになったそうだが、その一件で、男性と同等の仕事をしてみせる、と本気で思うようになったそうだ。

そのこと自体は、後になってみれば些細なことだった、と彼女は言う。けれどもそれが、周りを見渡す余裕を持つきっかけになった。

「以前からそういう気持ちはあったけど、やってやる！　というか、やらなければ！　と心から思ったのはその時が初めて」。

今は、嫌がらせをしてくる上司から守ってくれた同僚や、新人指導が上手く行かない時に助けてくれた上司など、良い人たちもたくさんいることを実感できる。これまで「頼ってしまった」、「助けられてしまった」と感じていた部分も払拭できた、と話す。

「女の子がいるだけで空気が和む、とか言う人もいるけど、私は性別に関係無く同等の仕事がしたい」。現実問題、それは無理な話なんだけど、と言った上で、それでも、少しでも対等に見てもらえるように努力したい、と心境の変化を語ってくれた。

入社当時四十kgだった夕紀さんの握力は、現在五十三kg。成人女性の平均値は二十五kg前後。五十三kgというのは、一般男性よりも上回るくらいだ。筋力の発達のせいで、腕だけ入らなくなってしまった服もある。今では、仕事のために付けた筋肉で、男性職員に驚かれることが悩みになっているくらいだ。

大きな船に出勤する機会も増えた。彼女は去年、二十四時間体制の警備が続いている尖閣諸島で勤務していた。

「外国船が日本の海域を侵してきても、実際自分達は何もできない、砲を向けられても警告の言葉を発するしかない」と憤る。

海上保安庁といえば、操船・武器訓練が中心だと思っていたけれど、意外にも刑訴法や航海知識、海洋汚染に関する問題など座学の方が多いらしい。そのことで、社会情勢や政治にも関心を持ち、理解できるようになってきた、と教えてくれた。

最後に、保安官になって良かったと思うことを聞いてみると、

「小笠原諸島とか尖閣諸島付近の夜空はすごかった。プラネタリウムどころじゃない。雲、かと思ったら天の川だったり、皆既月食を見れたり。こんな体験ができるのも、この仕事のせい、もとい……お陰なんでしょうね」と締めくくってくれた。

二〇〇八年五月十八日
新橋にて

●国語表現・論集
『亜細亜からの風』(1999〜2010)より

⑨ 自由を求めて

学籍番号○○×× 伊 一

「日本に来なかったら、殺されていたかもしれない」。そう語るのは、中国北京出身で現在「日中商報」に勤めている劉林さんだ。インタビューは日本語と中国語どちらがいいか聞いたところ、笑ってどちらでもいいと答えてくれた。

一九八九年六月四日、中国北京の天安門広場で世界を騒がせる事件が起きた。

天安門事件である。当時二十九歳の彼も学生たちと一緒に民主化要求運動に参加し、戦車が来る直前まで広場にいたのだ。そのとき彼にはもう妻子がおり、彼の友達が彼を逃がしたのだった。結局その友達とはそれが最後になってしまったという。天安門事件からは生還したものの、しかし事件への（デモへの）参加が勤めていた会社にばれ、後で相当な嫌がらせを受けたと彼は言う。「日に日にエスカレートしていって、明日は殺されるんじゃないかって、本気で心配したよ」。

そして、追われるようにして日本に来たそうだ。

来日後、彼は日本と中国の違いに驚いた。「中国では上から命令されたことをやるだけ、でも日本では自分のやりたいことが出来る、つまり自由なんだ」。中国では自分の意見を公然と述べることはできない。彼が中国にいた頃、共産党に反する意見を述べる者は、すべて反逆者とされていたのだ。

改めて彼に日本と中国どちらが好きか質問したら、即座に「日本」という回答が返ってきた。「さっきも言ったけれど、日本は自由なんだ。自由は僕にとって空気のようなもので、なくてはならないものなんだ」。

質問を日中関係問題に移そうとしたら、「ここからは中国語で」と彼に言われた。日本に二十年近く住んでいるとはいえ、やはり日本語は外国語。真剣な話題は母国語のほうが話しやすいと考えたのだろう。

今の日中関係は、とても好ましくなってきていると彼は語る。四川大地震の影響が大きいというのが彼の意見だ。今までずっと日本に憎悪の念を抱いていた人々が、今回の日本の救助活動、医療援助で日本に対する印象を変えたのだ。中国でのアンケートでは、日本人に対する好感度も大幅にアップした。彼はこの変化をとてもうれしく思っている。「自分にとっては、両方とも祖国だからね。仲良くしてほしいよ」と語る。

もうすぐ開催される北京オリンピックについて、彼の考えを聞いてみた。すると、「中国のオリンピック開催には反対だな」と彼が言ったのには驚かされた。中国経済はまだオリンピック開催のレベルに至っていないというのが彼の持論だ。オリンピックにはスポーツ施設が必須だ。だが、何億と金をかけたその施設をオリンピックが終わった後、一般の人たちは利用するのだろうか。中国の西部には貧しい人がたくさんいるのに、娯楽のために金を使ってよいのだろうか。もちろん、自分の故郷でオリンピックが開催されるのを彼も楽しみにしている。だがやはり心のどこかで矛盾を感じているのだろう。

新聞社の編集長である彼は、終始真剣な態度でインタビューを受けてくれた。これからも日中の友好の架け橋としてがんばってもらえたらと思う。ちなみに、「日中商報」は亜細亜大学国際交流部の前にもおいてあるので、興味のある人はぜひ見てほしい。

二〇〇八年六月六日
新宿喫茶店にて

●国語表現・論集
『亜細亜からの風』(1999〜2010)より

⑩ 自分にしかできない事

学籍番号○○×× 木田 賢利

父・木田善明、職業SP。一年中ガードする相手に付きっきりのため、一年間に家に帰ってくるのは多い年で四、五日、少ない年になると一年中帰ってこない場合もある。息子の私が頭の

中で父の顔をイメージすると、顔が出てくるまでに少なくとも五秒はかかる程だ。

父は千葉県警・警備課で働く普通の警察官であった。朝早く仕事に出掛け、夕方には帰ってくる。毎日、市民のために働き、街の治安を守っていた父が、そんなある日、四十七歳にして転職。「自分にしかできない仕事がしたい」と母に告げ辞めたという。

現在、父は、トヨタ自動車会長・豊田章一郎のガードを一人でしている。世界のトヨタのトップを私の父親がガードしているとは、ちょっと信じられない話だが事実である。証拠に毎年、豊田章一郎から木田善明宛に年賀状やお中元が届くので信じるしかない。「自分にしかできない仕事がしたい」と言い、辞めた警察官だが、現在、立派に父にしかできない仕事をしている姿は何よりも憧れである。

父は警察に勤めていた時、気性の荒さで有名だった。父が、私と同じ二十一歳の頃には、千葉駅周辺にあるヤクザの事務所に一人で出向き「今度、千葉中央署に配属された木田だ」と言って周ったという。中には一人で事務所に乗り込んできた父にたいしナメられた、と感じたヤクザが署まで乗り込んできたこともあったようだ。この気性の荒さから検挙率も常にトップ、成績も優秀だったので、トヨタから父に会長のSPとしてオファーがあったのだ。トヨタの会長ともなると、脅迫、脅しの電話など日常茶飯事、フルスモークの真っ黒い車に追跡されるなど、常に危険が付きまとっている。

最初は半年の契約で頼まれたのだが、それが一年に延び、一年半、二年、三年、四年と延び今年で八年目である。父がインフルエンザの場合、会長に菌を移さぬように代わりの者が行くのだが、会長は、父でないとダメだといい、強引に呼出すほど父に信頼をおいている。

当たり前のことだがSPは、常にガードする相手の傍にいなくてはならない。会長ともなれば、スケジュールも超多忙で、休みなどはない。朝は会長より早く起き、夜は寝るまでガードする。会長と歩く時は、洗濯したての、シワ一つないピンと張った黒のスーツに黒のネクタイ。いかにも服装だけでSPを感じさせ、周りを威圧する。いつも気を張っていて落ち着く時間など全くないという。警察官を二十五年以上務めておきながら「自分にしかできない仕事がしたい」という理由だけで飛び込む仕事にしては過酷すぎるのではないかと感じた。そこで、母からは辞めた理由を少し聞いてはいたが、改めてなぜSPを選んだのかと聞いたところ、次のように答えてくれた。「つらいことはたくさんある。危険で命がけの仕事だが何よりやりがいがあるんだよ」といい、「会長から信頼してもらっているなら命がけでその信頼に答えなきゃいけない。会長が一言、ありがとうと声を掛けてくれるだけで、疲れていたことなど忘れて、やりがいが出てくるんだよ」と。父に絶対の信頼を置いてくれる会長に対しての感謝。常に行動を共にし、仕事上のSPとしてだけではなく一人の人間、木田善明として接してくれることへの敬意などが、仕事にやりがいを感じさせ、つらい任務にも耐えられるのであろう。

最後に、父と同じ職業を息子にも勧められるか？の質問に対して、父は「お前が、どんな仕事をしようとも賛成する。だが自分の仕事に責任がとれる男にならなきゃダメだ」と答えた。父は日頃から言葉ではあまり語らないが、男の生き方とはどういうものなのか自分の生き方を通して息子の私達に教えてくれてるのだと私は感じた。

二〇〇六年十月
自宅にて

●国語表現・論集
『亜細亜からの風』(1999〜2010)より

⑪ 文字と生きる

学籍番号○○×× 東 真理子

「私、学生時代すごく真面目だったの」。

そう語るのは、川上典子さん。某週刊誌のフリーライター。趣味のブログに頻繁に出てくる、猫のくまきちと二人暮らし。大学時代に成り行きで始めた編集社でのアルバイトがきっかけとなり、予備校の国語講師、ラジオ局でのディスクジョッキーを経験したのち、現在フリーライター

となっている。
　「私は若い頃から、女一人で生きていきたかった。田舎から上京してきて一人暮らしだったし、お給料の良いこの仕事はおいしかった。正直、お給料の良さが決め手かな」。
　あまりの正直さに一瞬苦笑いしてしまったが、実際、少女小説を書くことが好きで、何冊かの本を出版したこともあるという川上さん。いま彼女がフリーライターとして生きているのは、お金のためだけではない、文章に対する隠れた愛情もあるからではないかと感じた。
　ライターとなって四年目になると、様々な仕事を任されるようになり、どんどん軌道に乗っていった。当時、文章を書く際に気をつけていたことは、「自分目線ではなく、誰が読んでも、たとえ八十歳のお年寄りが読んでも分かる文章を書く」ということだったそうだ。幅広い世代が読む週刊誌に記事を書く川上さんにとって、それは最も気をつけるべき点だったという。
　仕事が軌道に乗ってきた川上さんだったが、伊豆大島の三原山噴火の取材に行った際、厳しい経験もした。大島の島民は、噴火により自分の住む家を失い、同じ島民を亡くし、将来が全く見えない状況のなかで、多数の心ない取材に遭い、憔悴しきっていた。そんな中、川上さんは取材のため、一人の男性に話しかけた。すると男性は突然激高し、「あんたたちは取材にくるだけだ！　何もかも失った俺たちの何がわかる！」と怒鳴ったのだ。こんなに激しい人の怒りに触れたことのなかった川上さんは戸惑った。
　しかし話をしていくうちに男性は次第に心を開いて行き、島民が置かれている辛い現状を、本当に少しずつではあるが話してくれた。フリーライターでありながら、実は初対面の人に対する苦手意識があったという川上さん。しかしこの出来事がきっかけとなり、苦手意識も薄れていった。
　時には自身の書いた記事で、書かれた側の人間が傷つくこともある。それに対する後ろめたさを感じながらも、読者の期待には答えなくてはならない。そのような軋轢のなかで、苦しんだこともあった。また、自分はフリーライターに向いていないのではないかと悩んだ時期もあった川上さんであったが、知的障害者の施設に取材に行った際にふれた障害者の人たちの純粋さや、徐々に心を開いていってくれた大島の男性の熱情を、身をもって感じていくうちに、悩みがおもしろさに変化していったという。
　普段仕事に追われている川上さんだが、趣味でブログを開設している。そのブログの主役であるのが、猫の着ぐるみを着た人間ではないかと思う程のふてぶてしい表情や、愛らしい表情をもつ猫のくまきちだ。それらの表情は全て川上さんの手によって撮られたものである。初めはデジカメで撮影していたが、ブログを続けていくうちに、デジカメは本格的なカメラに変わっていった。「自分の子供のような存在」であるくまきちのおかげで、カメラはすっかり趣味の一つとなったそうだ。
　そんな川上さんに、
　「今後、やってみたいことは何ですか？」という質問を投げかけてみたところ、
　「写真と文章で何か一つのものを作りたい。例えばエッセイとか。あとは昔書いていたような少女小説とは違う、大人の小説を書いてみたいかな」という、新たな飛躍を感じさせる答えが返ってきた。しかし最後に、
　「でも、ちょっとした気持ちで小説に表したものが、のちに現実味を帯びてやってくることもあるから、それがちょっと怖いな。これまでにも、自分で書いた文章を、あとで実際に体験しちゃうことがあったから」と笑顔で一言。
　色々な人と出会い、色々な人生を見てきた人にしか言えないセリフだと、内心ちょっとした怖さを感じながらも、そう思った。

二〇〇九年十一月十日
恵比寿にて

あとがき ―亜細亜大学における初年次教育の挑戦―

　亜細亜大学経営学部では、1年次必修科目として2つのゼミナールを設置しています。前期の「オリエンテーション・ゼミナール」（「オリゼミ」）と後期の「基礎ゼミナール」（「基礎ゼミ」）です。両ゼミナールは、本学経営学部の初年次教育のかなめであり、1クラス15人以下の少人数教育を実現しています。

　前期「オリゼミ」では、全クラスが「インタビュー実践！」に取り組みます。インタビューとは何かという意識形成から始まり、インタビュー相手の選定、アポ取り、当日に向けたシミュレーション、インタビュー本番、事後の礼状の送付、記事の作成、添削原稿の書き直し、記事の完成という一連のプロセスです。大学に入学したばかりの1年生にとっても、またそれを支援する教師にとっても、かなりの頑張りが求められます。その頑張りをサポートし、全クラスが足並みをそろえてこの活動を完遂できるようにしているもの、それが、本書の第1章「体験から就業力へ　インタビュー・マニュアル」です。人生の大先輩を相手に「アポを取り」、「緊張感をもって会いに行き」、「聴いた話を責任をもって記事に書き上げる」。この決して楽ではない活動をタスク方式で一つ一つこなしていき、仕事人に接する際のマナー、傾聴力、そして文章力を育成していきます。（なお、「インタビュー実践！」の取り組みは、文部科学省「平成22年度大学生の就業力育成支援事業」および「平成24年度産業界のニーズに対応した教育改善・充実体制整備事業」に選定された教育プログラムです。）

　後期「基礎ゼミ」では、アクティブ・ラーニングを軸に、企業、工場、文化施設などでの校外学習、また定めたテーマに関する資料調査を実施し、その成果をプレゼンテーションの形でわかりやすく他者に伝える活動を行います（基礎ゼミの授業内容についての詳細は、大学HPをご覧ください）。家族や友人との親しい間柄でのおしゃべりでは、話の前提や知識が共有されているため、単なるつぶやきであっても意志の伝達は成立します。一方でプレゼンは、話の前提や知識が不揃いな聴衆を前にした伝達行為です。そこでは、「頭ではわかっているのに言葉にできない」というもどかしさを体験し、伝えたい内容を誰にでもわかりやすく説明することの難しさを「自覚」します。基礎ゼミでは、この「自覚」をスタートとし、プレゼンテーション・ソフトという利器も活用しつつ、聴衆にわかりやすく説明する技術を鍛錬していきます。その際のガイドとして作成したのが、第3章の「プレゼン力を養う　プレゼン・マニュアル」です。私たち教員が初年次生に求めるプレゼンの好例として、学生が作成した実例を掲載しました。これを、良い意味で「真似る」ことで、わかりやすいプレゼンを目指してほしいと考えています。また、第2章「レポート力を鍛える　レポート・マニュアル」についても、「プレゼン・マニュアル」と基本的な理念は変わりません。レポートは、主観的な意見や感想を羅列するものではなく、自らの考えの根拠とした文献・資料を明示しつつ、第三者に読んでもらう場であることを強調しました。より具体的なマニュアルになるよう、実例を掲載し、それにコメントを施す形で解説しています。レポートを書くにあたり、コメントを参照しながらこの実例を「真似る」ことによって、大学1年生として合格レベルのレポートが書けると考えています。また、基礎ゼミで培ったプレゼン力を試す場として、「経営学部プレゼン・バトル」を開催しています。多くの応募チームの中から選考された6〜8チームが本選でプレゼン力を競います。多くの聴衆を前に自分たちの研究成果を伝えるという機会を初年次に体験する。このことが持つ意義は非常に大きいと考えます。

　初年次教育とは非常にとらえがたいものです。しかし、まず大事なのは、学生の皆さんが「自らの興味に向かって自主的に、時には衝動的に行動する」という体験を得ることです。それに対する私たちの答えが、「インタビュー実践！」そして「アクティブ・ラーニング」なのです。本書は、「初年次教育とは何か？」という難解な課題に対し、実効力のある一つのモデルを提示しているものと確信しています。ご活用いただいた先生方、そして誰よりも学生の皆さんの意見に耳を傾けながら、これからも真摯に初年次教育に向き合っていきたいと考えています。ご活用くださった方のご意見、お待ちしております。

編者代表　小川直之　清水淳　林千宏

編者（アイウエオ順）

石塚隆男、伊藤剣、小川直之、大山岩根、川又啓子、
河内山拓磨、清水淳、鈴木智大、西原彰宏、林千宏、
原仁司、白珍尚、村上善紀

インタビュー実践！

レポート・プレゼン・就業力

発行日	2015年3月10日 初版第1刷
編　者	亜細亜大学経営学部 初年次・基礎教育委員会
発行所	翰林書房
	〒101-0051　東京都千代田区神田神保町2-2
	電話　（03）6380-9601
	FAX　（03）6380-9602
本文レイアウト	須藤康子＋島津デザイン事務所

落丁・乱丁本はお取替えいたします
Printed in Japan. 2015.
ISBN978-4-87737-379-5